Joseph Lavalle

Philosophisches Gemälde der Regierung Ludwigs des Vierzehnten

Joseph Lavalle

Philosophisches Gemälde der Regierung Ludwigs des Vierzehnten

ISBN/EAN: 9783743378599

Hergestellt in Europa, USA, Kanada, Australien, Japan

Cover: Foto ©Thomas Meinert / pixelio.de

Manufactured and distributed by brebook publishing software (www.brebook.com)

Joseph Lavalle

Philosophisches Gemälde der Regierung Ludwigs des Vierzehnten

Philosophisches
Gemälde der Regierung
Ludwigs des Vierzehnten,
oder
Ludwig der Vierzehnte
vor dem
Richterstuhl der Nachwelt.

Nach dem Französischen
von
August von Kotzebue.

Strasburg
bei Amand König
1791.

Philosophisches
Gemälde der Regierung
Ludwigs
des Vierzehnten.

Philosophisches Gemählde

der Regierung

Ludwigs des Vierzehnten.

Die Natur überhäufte Ludwig den Vierzehnten mit Geschenken, nur das Einzige versagte sie ihm, das alle übrigen hätte geltend machen können: eine niedrige Herkunft, und Ludwig wäre der erste Sterbliche geworden. Aber für den Thron gebohren, ward er Despot, und, zu seiner Ehre sey es gesagt, er war nur Despot. Wie mancher andere Fürst an seiner Stelle, würde mit diesem Genie, diesen Hülfs- quellen des Geistes, dieser Neigung für Alleinherr- schaft, aber ohne jene wahrhaft erhabene Seele, nur zügelloser Tyranney gefröhnt haben.

Warlich! er ist vielleicht der einzige Mensch, dessen Despotismus man entschuldigen darf, weil die Thränney neben seiner Wiege sas. Ludwig der Dreyzehnte sein Vater, verband mit allen Schwachhei- ten kleiner, die Unempfindlichkeit grosser Seelen. Die Langeweile, die ihn überall verfolgte, gab seinem Aeus- serlichen den Anstrich der Gewissensbisse; ohne Feder- kraft, ohne Selbstständigkeit, trübsinnig, wild sogar, erlag er unter dem Gewicht des grossen Nahmens: Sohn Heinrichs des Vierten!

Ein böser Vater, ein unempfindlicher Gatte, ein König ohne Freuden, selbst ohne Glanz, der das Böse immer durch Fremde, und das Gute nie selbst that; ein Spielwerk seiner Minister, seiner Unterthanen, und der Zeitumstände; schrecklich in seinen Entwürfen, nichts bedeutend in deren Ausführung; von den Protestanten gehaßt, und den Katholiken gleichgültig; Freund ohne Freundschaft, Herrscher ohne Willen, Gottesfürchtig ohne Frömmigkeit; so stieg Ludwig der Dreyzehnte in seine Gruft hinab. Keinem Auge entlockte sein Tod eine Thräne, und da er weder die Tugenden des Vaters, noch die Verbrechen der Mutter geerbt hatte, so zeichnete nichts auf dem Throne ihn aus, als die Tyranney, welche schwachen Seelen eigen ist.

Als er starb, war Ludwig der Vierzehnte noch zu jung, er kannte seinen Vater nicht. Aber als der Knabe heranwuchs, und er den richtigen Blick, den die Natur ihm verlieh, auf den Zustand seines Reiches warf, da lernte er seinen Vater kennen, als König und als Mensch. Den erstern verrieth jener Blick auf die verflossene Regierung, und den leztern, das Betragen der Anna von Oesterreich, seiner Mutter.

Diese Tochter Philipps des Dritten war stolz, übermüthig, herrschsüchtig. So lange ihr Gemahl lebte, wurde sie ewig von seinem Argwohn bewacht,

und man gerieth fast in Versuchung sie zu be-
dauren. War sie gleich ein getreuer Spion der Königinn von England, des Herzogs von Lothringen,
und des Königs von Spanien, so wurde sie doch
durch diese Rolle den Franzosen nicht verhaßt, weil
es minder strafwürdig schien, einen Mann wie Ludwig den Dreyzehnten zu beunruhigen, der fast immer
ungerecht in seinem Argwohn war. Dazu kam noch
der Haß des Kardinals Richelieu. Wer hätte nicht
Interesse für eine Unglükliche empfunden? Aber der
lezte Seufzer ihres Gemahls gab Annen von Oesterreich das Leben wieder, um durch sie Frahkreich
an den Rand eines Abgrunds zu schleppen. Mehr
Oberhaupt der Kabalen, als Regentin des Reichs;
Sklavin Mazarins, mehr aus Begierde alle Partheyen zu unterdrücken, als aus Neigung für die
Politik; Feindinn der Prinzen von Geblüt; geld-
gierig bis zur Blindheit für die Gefahr, welche
aus Vermehrung der Auflagen entspringt; selbst zu
ehrgeizig um dem Ehrgeiz der Grossen Schranken zu
sezen; und endlich, zu sehr Weib, um über die kleinlichen, um jeden Vorzug buhlenden Neckereyen ihres
Geschlechtes erhaben zu seyn; Despotinn durch Armuth
an Mitteln, und deren Armseligkeit, durch die Ehrfurcht welche ihre edle Abkunft einflößte, durch den
Jahrelangen Zwang, den ihr Gemahl ihr auflegte,
durch die unmenschlichen Grundsäze einer übelver-
standenen Frömmigkeit, durch die Sucht zu herr-

schen, welche sich des weiblichen Busens bemeistert
wenn die Sünden der Galanterie aus ihm gewi=
chen sind; da habt ihr ein treues Gemählde von
der Mutter Ludwigs des Vierzehnten, seiner ersten
Lehrerin in der Kunst zu herrschen; das ist die Re=
gentin, der Frankreich keine andere Wohlthat dankt,
als die, durch sie vor dem Einfluß des Cardinals von
Retz bewahrt worden zu seyn, der durch seinen
hohen Sinn vielleicht weniger gefährlich war als
Mazarin.

Dieser italiänische Priester würde das Herz Lud=
wigs des Vierzehnten ganz verdorben haben, wenn
die Seele dieses Fürsten sich mit der Tyranney ver=
tragen hätte. Lassen wir ihm Gerechtigkeit wider=
fahren: ein Vater, der nur einigen Glanz erhielt,
weil er sich unter das eiserne Joch Richelieu's beug=
te; eine Mutter, die den Ruhm des Scepters, wel=
ches man ihren Händen anvertraute, nur durch
Intriguen, Arglist, und Verwüstung des Reichs zu
befördern suchte; ein Minister, der die Regierung
der Staaten den elenden Trugschlüssen des Politi=
kers Machiavel unterwarf; die Rathschläge des Fa=
natismus, welchen die unauslöschliche Schande der
Ligue, und die unerschütterlichen Tugenden der Pro=
testanten noch nicht erstift hatten; die Blutgerüste,
noch rauchend von dem Blute der Chalais, der Mont=
morency, der Dottson, der St. Marc und die noch
jüngere Fesseln des grossen Conde, welche Beyspiele

von Tyrannen für den König, deſſen Geſchichte wir
ſchreiben; Beyſpiele, die um ſo gefährlicher waren,
da ſie immer ungeſtraft blieben. Und wenn Ludwig
der Vierzehnte nun aus allem dieſen doch nur den
unerſättlichen Stolz der unumſchränkten Gewalt
ſchöpfte, ſo wollen wir gern geſtehen, daß er mehr
als ein alltäglicher Menſch ſeyn mußte.

Durch ſeine Erziehung verliert er ſich wieder unter
dem groſſen Haufen der Könige. Sie war, wie
gewöhnlich, ſchlecht; aber dieſe ungeheure Vernach-
läſſigung in der bürgerlichen Geſellſchaft, wurde ihm
eine Wohlthat. Es wäre vielleicht gefährlich gewe-
ſen ihm zu groſſe Geſinnungen einzupflanzen. Ich
rede von jenen Geſinnungen, welche ſelbſt kluge
Leute glauben einem Menſchen einflöſſen zu müſſen,
der für den Thron beſtimmt iſt. Die Lehren des
Ariſtoteles haben die Welt nicht vor Alexanders Wuth
geſchüzt.

Von Hardouin de Beaumont de Pereſixe, ſeinem
Lehrer, und von Nicolas de Villerot, ſeinem Hofmeiſter, lernte er nichts. Die Tugenden eines Bieder-
mannes, und ſanfte, friedliche Sitten, geben noch
keinen Anſpruch auf die Erziehung eines Jünglings
von dem Schlage Ludwigs des Vierzehnten. Gebt
ihm einen Fenelon zum Lehrer, einen Cincinnatus zum
Hofmeiſter; dieſer würde ihn gelehrt haben Menſchen, und jener, ſich ſelbſt zu beherrſchen. Ludwig verſtand nie weder das eine noch das andere.

Er wurde gebohren am 5ten September 1718, die erste Frucht, oder richtiger gesagt, die späte Frucht einer zwey und zwanzigjährigen unfruchtbaren Ehe. Die Freude über seine Geburt, eine Begebenheit, die man so lange umsonst erwartet und kaum noch für möglich gehalten hatte, schenkte ihm den Beynahmen: von Gott gegeben; und die Schmeicheley verkroch sich unter dem öffentlichen Frohlocken. O ihr Inconsequenzen des menschlichen Geistes, den nicht die Freyheit erleuchtet! wer weiß ob man nicht in Rom auch den Heliogabalus bey seiner Geburt von Gott gegeben genannt haben würde, wenn der Thron damals erblich gewesen wäre. Lächerliche Albernheit! wartet das Leichenbegängnis der Könige ab, und dann gebt ihnen Beynahmen.

Der politische Zustand von Europa war bey der Geburt Ludwigs des Vierzehnten fast noch derselbe, wie unter Carl dem Fünften. Die grosse Gewalt des Hauses Oesterreich verbreitete sich immer weiter über diesen Theil der alten Welt, und die Goldgruben der neuen, hatten nur einen güldenen Ring zu der eisernen Kette hinzugefügt, an welcher die Europäer schleppten.

Deutschland, Böhmen, Ungarn, ein grosser Theil von Italien, Spanien und Portugall, waren das glükliche und fruchtbare Erbtheil der österreichischen Prinzen. Die Wuth der Allgemeinherrschaft hatte

sich dieses Hauses bemeistert, und mit dieser Leichtigkeit sich wechselseitig die Hand zu bieten, und
Hülfstruppen mit den Schätzen von Mexico zu erkaufen, würde es unbegreiflich scheinen, daß der
Ueberrest der benachbarten Mächte nicht von dem
Coloß ihrer Grösse zertrümmert wurde, wenn der
Despotismus, unter den Menschen welche Kronen
tragen, nicht zwey sehr verschiedene Würkungen
hervorbrächte: bey diesen die G r a u s a m k e i t, bey jenen die S c h w ä c h e. So ungleichartig diese Laster
auch sind, so bewürken sie doch am Ende einerley
Catastrophe, und die G e w a l t, der einzige Gegenstand ihrer Begierden, entschlüpft beyden. So zer-
schnitten die Henker Philipps des Zweyten den schwachen Faden der die Niederländer noch an seinen
Wagen fesselte, und die Schwäche seiner Nachfolger gab dem Enkel Ludwigs des Vierzehnten Freunde
und Beschützer gegen die rechtmässigen Erben des
spanischen Thrones.

Die Macht dieses stolzen Fürstenstammes würde
weniger schwankend auf dem Throne des römischen
Kaiserthums gewesen seyn, gerade deswegen, weil
sie durch die Macht der Chur - und anderer Fürsten
immer im Gleichgewicht erhalten, und ihr nicht mehr
Thätigkeit, nicht mehr Einfluß auf das Volk verstattet wurde, als die Reichsfürsten für gut fanden.
Und wer weiß, ob nicht noch heutzutage die österreichischen Fürsten den unnützen Titel Augustus tra-

gen würden, wenn Gott, der über Titel und jedes
Spielwerk des Stolzes lächelt, nicht die Ansprüche
des Hauses Habsburg auf Unsterblichkeit, in das
Grab Carls des Sechsten verschlossen hätte.

Wie dem auch sey, die Macht des Hauses Oesterreich war drückender für Frankreich als für jede andere Krone, und Frankreich war daher fast die einzige, welche immer und immer gegen Oesterreich
kämpfte.

England, entfernter gelegen, aber von der Natur zu beyder Feindinn bestimmt, sah mit Wohlge-
fallen diese grosse Fehde sich fortpflanzen, welche die
Kraft ihrer Nebenbuhler austroknete; war nur Kam-
pfes Zeuge, selten Mitkämpfer; überließ ihnen gern
die Herrschaft von Europa, um eine neue, reichere,
und unerschütterlichere auf den Fluten des Weltmeers
zu gründen; denn vergebens sezte ihnen die Natur den Ocean zur ewigen Grenzscheide, schon lange hat ihr Ehrgeiz diese Grenze überschritten.

Pohlen, dieser unveränderliche Tempel der Zwietracht, dieses ewige Denkmal der Unvollkommen-
heiten, welche der Regierung des Adels ankleben,
wo Volk und König nur Sklaven sind; Pohlen
war damals — was es immer war: ein Schauplaz
der Räubereyen und Unterdrückungen; ein weiter
Saal, wo eine übermüthige Versammlung betitel-
ter Männer, mit der Zwietracht im Herzen, und
den Zankgeist auf den Lippen, vom öffentlichen

Wohl reden, indem sie sich mit Säbelklingen dro-
hen; von der Wohlfahrt des Volkes, indem sie
es zertreten; und von dem Ruhm ihres Reiches,
indem sie es zerrütten. Die nordischen Völker und
der türkische halbe Mond, beunruhigten sie weit mehr,
als die Nachkömmlinge Karls des Fünften. Vorzüglich spannte Schweden ihre Aufmerksamkeit, dessen Volks-Konstitution seiner Krone Sieg, und
seinen Gefilden Glück brachte, indessen Rußland
noch im ewigen Eis der Unwissenheit erstarrt lag,
und Dännemark unbeweglich sein Auge auf den
Ruhm seiner Vorfahren heftete. Beyde waren von
gar keinem Gewicht in der Wagschale Europens.

In dem mittägigen Europa hatten die Päbste
von ihren Donnerkeilen nur noch den schreckenden
Wiederschein einiger ohnmächtigen Blitze übrig be-
halten. Der römische Hof, dem, seit Heinrich der
Achte abtrünnig wurde, die Schwäche seiner geistlichen
Macht einleuchtete, merkte endlich wohl, daß die
Wuth, Kronen auszuspenden, sich nicht mit seinem
Geize vertrage. Er fand es heilsamer, die Reich-
thümer der Nation zu brandschatzen, als die übermüthige Farce fortzuspielen, den Fuß auf den Na-
cken der Könige zu setzen; deswegen ergriff er die heim-
tückische Gattung von Politik, welche alle Partheyen
schont, aber eben dadurch nur Schwäche verräth, und
alles Gewicht verliert. Rom ist durch den Geist
welcher es beseelt, Beherrscherinn der gottesdienstli-

chen Meynungen, folglich nur furchtbar in einem
Religionskrieg, weil alsdann der Fanatismus unzertrennlich auf Seiten seiner Parthey ist. Aber
wenn Könige mit Königen ehrgeizige Fehden aus-
fechten, was geht das Rom an? Es erkläre sich
für Oesterreich oder Frankreich, seine Wahl ist für
das Schiksal Europens ziemlich gleichgültig. Die
Freyheiten der gallischen Kirche, die Leichtigkeit mit
welchen sie ihre Beyträge zu den Schätzen des Vatikans zurükhalten kann, machen Rom weniger
furchtbar für Frankreich, als für jede andere Macht;
eine Bemerkung, die Ludwig der Dreyzehnte oft machen mußte, wenn er die Geschmeidigkeit sah, mit
welcher der römische Hof ihn behandelte.

Offenbar war es also nur Frankreich, dem Oester-
reichs Grösse lästig wurde. Der ehrgeizige Haß ver-
schmähte keine Nahrung; noch war der Schimpf
nicht gerächt, den Franz der Erste erlitt; und seit
diesem Gefangenen von Pavia, bis zu der Geburt des von Gott gegebenen, war immer die
Demüthigung des Hauses Oesterreich, Seele und Triebfeder im Kabinet unserer Könige.

Heinrich der Zweyte hatte das Vergnügen genossen,
auf den Gefilden von Metz die lezten Tage des alten
Karls zu verbittern, aber er bezahlte diesen flüchtigen
Ruhm theuer durch die Niederlagen von St. Quen-
tin und Gravelinc. Nach ihm, sezte die grausame
und bedächtige Politik Philipps des Zweyten, die blu-

tige Schwachheit seiner drey Söhne in ein noch helleres Licht.

Heinrich der Vierte, der gröste König, weil er der beste Mensch war, hatte durch den Entwurf des Plans der europäischen Republik, dessen Ausführung Ravaillacs Dolch vereitelte, diesem verhaßten Hause einen schreklichen Streich zugedacht. Wäre dieses von dem allumfassendsten Genie entworfene Projekt, zu Stande gekommen, so wäre zum Erstenmale das Glück der Völker eine Frucht des Hasses der Könige gewesen.

Die Verschwendung der Maria von Medicis, schien den Zeitpunkt der Zerstörung des Hauses Oesterreich auf immer zu entfernen, als plözlich Philipp der Vierte mit allen seinen Schwachheiten auftrat, und dadurch in wenig Jahren mehr verlohr, als Politik und Schlachten ihm in einem Jahrhundert nicht hatten entreissen können. Artois, Catalonien, Portugall, ein Theil von Brasilien, Macao, Goa, Mozambique, und die Azorischen Inseln, entschlüpften bald dem Scepter, von welchem das Weltall bedroht wurde.

Das war die politische Lage Europens, als der von Gott gegebene den Thron bestieg, und Frankreich in einem fünfjährigen Herren, dem Menschen huldigte, dessen Eitelkeit, Ehrgeiz, Stolz, unüberlegte Verschwendung und Seelengrösse, von ferne her die Tage der Freyheit herbeyführen sollten. Seiner Eitelkeit verdanken wir die Künste, glükliche

Vorläufer der Philosophie, dieser Fackel der Sterblichen; seinem Ehrgeiz verdanken wir jene kostspieligen Eroberungen, die zum Erstenmale sein Volk
ermüdeten, und Symptomen seines aufkeimenden
Unwillens wurden. Sein Stolz gab uns jene traurigen Denkmäler seines Ruhms, die lehrreichen Unterricht für eine Nation enthalten, welche Aufklärung sucht. Das sind die Wohlthaten Ludwigs des
Vierzehnten.

Er erbte die Unruhe, welche das Haus Oesterreich
schon seinen Vorgängern machte; er erbte auch von
jenen die Blindheit und Unmenschlichkeit, zu glauben, nur Schlachten und diplomatische Arglist, könnten in dieser grossen Fehde ihm Sieg verleihen. Doch
war das einzige Mittel, die Demüthigung dieses
Hauses, vielleicht seinen gänzlichen Umsturz zu be-
wirken, gerade das, an welches noch kein König
gedacht hatte, und welches sogar jeder König mit
Unwillen verworfen haben würde, wenn man es
ihm vorgeschlagen hätte: Die Duldung der Protestanten. Die Religion, geschaffen die Leidenden
zu trösten, süsse Ruhe den Sterblichen zu schenken,
sie alle, Brüdern gleich, im Schatten des Oelbaums
des Friedens zu versammeln, warum war sie in
allen Zeiten eine immer wieder hervorwachsende
Schlange, deren Köpfe immerdar den Hauch der
Zwietracht und des Todes um sich zischten? Religion! heilige Religion! herrliches Werk des Sanfte-

sten unter den Menschen, und des einigen allmäch-
tigen Gottes! nein, es war nicht deine Schuld,
es war die Schuld der strafbaren Hände, welchen
du anvertraut wurdest. Sie reichten halsstarrigen
Meynungen deinen heiligen Schleyer; sie umgür-
teten den Ehrgeiz mit deinem ehrwürdigen Gürtel;
und die Völker, welche dich lieben, dich suchen,
und dich zu finden glaub.n in den Händen derer
welche das Rauchfaß schwingen, seufzen entweder unter einem Joch, welches du ihnen nicht auflegtest,
oder stürzen sich blind in Verbrechen welche du ver-
abscheuest.

In der That, die Gelegenheit war zu schön, als
Kayser Matthias starb, und die Protestanten sich
vereinigten, dem Hause Oesterreich die Kayserwürde
zu entreissen. Damals, wenn Frankreich gewollt
hätte, Frankreich, welches einst durch das Genie
des Protestanten Sülly geehrt wurde, damals war
der entscheidende Augenblik da; Ferdinand verlohr
die Kayserkrone, und das Blut einer Million Menschen blieb unvergossen. Das späte und ungeschikte
Bündnis Ludwigs des Dreyzehnten mit den prote-
stantischen Fürsten, als der Augenblik es zu besie-
geln schon vorbeygeeilt war, würde nicht das ver-
heerende Schwerdt Gustavs über Deutschland gebracht haben, wäre es früher geknüpft worden;
der Nahme Ferdinand wäre nicht mit dem Morde
Wallensteins besudelt; die Menschlichkeit wäre nicht

mit Füssen getreten, wohl aber Frankreichs natürlicher Feind gedemüthigt worden. Aber da legte man in die andere Wagschale den kleinen Nahmen: ältester Sohn der Kirche, der so gros in den Augen eines überfrommen Prinzen ist, und die zeitliche Wohlfart der Priester die ihn umgaben; was Wunder daß man gerade den Weg wählte, der sich am wenigsten mit gesunder Politik vertrug. Dagegen nahm er aber auch den Beynahmen der Gerechte mit ins Grab, weil er Processionen zu stiften verstand. O ihr Mauren von Rochelle! verdiente der sterbende Ludwig der Dreyzehnte diesen Beynahmen?

Dieser Tod, ob er gleich den Thron einem Kinde überließ, das unter kriegerischem Getümmel aufwachsen sollte, schien doch die Göttinn des Sieges zurük zu winken, welche seit einem Jahrhundert Frankreich geflohen hatte; die Nahmen Conde und Turenne, erleuchteten die schöne Morgenröthe der Tage Ludwigs des Vierzehnten.

Turenne, weise, klug, liebenswürdig, einfach in seinen Sitten wie Fabricius, gründlich im Geist der Kriegserfahrenheit wie Scipio; Turenne, der schon jung mit kühner Faust Heldenpalmen brach, und im zwey und dreyßigsten Jahre Marschall von Frankreich wurde, genoß den beyspiellosen Vorzug, dieser Ehre würdig zu scheinen, ehe er sie noch erhielt, und ihrer nur werth zu scheinen, nachdem er sie erhalten hatte.

Conde, lebhaft, kühn, aufbrausend, Hannibal
im Gefecht, und Coriolan im Herzen, begann die
Heldenlaufbahn, die seinem Vaterlande vielleicht
nachtheiliger als nüzlicher war, und lernte siegen
auf den Feldern von Rocroi.

Dieser unpolitische, so zur Unzeit von Ludwig dem
Dreyzehnten angesponnene Krieg, dessen anscheinender
Zwek die Demüthigung Kayser Ferdinands des Zweyten war, der aber nur Richelieu's Kunstgriffen seineGe-
burt verdankte, der, als eine mächtige Cabale ihn
stürzte, so künstlich jenen berüchtigten Tag der Nar-
ren herbey zu führen wußte, unter welchen sein
Herr der Erste war; dieser Krieg dauerte fort, und
die Siege von Rocroi, Freyburg, Nördlingen und
Lens, die glüklich beendigten Belagerungen von Thi-
onville und Dünkirchen, der eroberte Strich Landes
zwischen Maynz und Landau, die weit grössere Ehre,
die Niederlage des Turenne zu Marienthal gerächt
zu haben; mit einem Wörte, alle die Siegeszeichen,
welchen der Ruhm den Nahmen Conde mit unauslöschlichen Zügen eingegraben hatte, liessen warlich
nicht vermuthen, daß derselbe Held sich einst nicht
schämen würde, an der Spitze derer auszuziehen und
zu siegen, die sein Arm überwunden hatte; daß ein
Traktat der Pyrenäen nöthig seyn würde, ihn mit
seinem Vaterlande auszusöhnen, und so seltnen Fehlern ein bleibendes Denkmal zu errichten.

Dies ist die traurige Würkung des Partheygeistes,

wo in Augenblicken einer heftigen Crifis oft der Irrthum unumschränkt herrscht, und der bravste Mann,
wenn er sich schlafen legt, nicht sicher ist, mit seiner
Tugend wieder zu erwachen. Oder, um richtiger zu
reden, dieß sind die unvermeidlichen und beweinenswürdigen Folgen, der Ministeralgewalt; unter allen
Misbräuchen derjenige, dessen Constitutions widri-
ges Verbrechen den Untergang des Staates am
schnellsten nach sich zieht, weil er den Königen selbst
Despoten an die Seite sezt, deren Joch sie nur vermeiden, wenn sie zu ihren Schandthaten lächeln.

Diese Partheyen entstanden unter der Regentschaft
Annens von Oesterreich, der Saame lag im Herzen
Mazarins, die Nahrung im Busen des Parlaments
von Paris. Dieses Corps, welches zu allen Zeiten
nur dann etwas zu seyn geglaubt hat, wenn es eben
aufgehört hatte etwas zu seyn, vertauschte plözlich
die uralte Majestät, welche die Harlai's und Potiers
ihm aufgeprägt hatten, gegen die lächerliche Larve
der Kinder des Thespis. Diese Seiltänzer ähnlichen
Diener der Gerechtigkeit geben sich allerley Bewegungen, ohne zu wissen warum, und bilden sich
ein, das ganze Reich müsse sich mit bewegen, blos
weil es ihnen so gefällig ist. Von jeher Gegen-
füßler der Vernunft, verlangen sie, kein Befehl des
Königs solle gesezliche Kraft haben, als wenn er
von ihnen gebilligt sey, und sehen nicht, daß ver-
möge dieses Grundsatzes ihre strafbare Schwäche,

allen

allen jenen Entscheidungen gesezliche Kraft giebt, welche die Gewalt ihnen entreißt. Unbegreiflicher Gemeingeist dieses Korps, immer im Widerspruch mit der gesunden Vernunft, und den man nicht würde erklären können, wenn nicht Stolz und Interesse alle Widersprüche der Menschen so ziemlich aufklärten. Ihr habt den schönen Nahmen Väter des Volkes an euch gerissen, und opfert ins geheim die Rechte des Volkes, sobald sie mit der unumschränkten Gewalt zusammentreffen. Ihr vergeßt die erste Pflicht derjenigen, welche jenen grossen Nahmen tragen: Aufopferung des Lebens; aber nie Aufopferung des Willens. Ihr gebt vor, in euren Händen ruhe das königliche Ansehen, und sobald ein König hinab in die Gruft steigt, seyd ihr die ersten, seinen lezten Willen zu entweihen; Sklavenheerde, deren geschäftlose Hand sich lange beschäftigte, das Wörtchen Freyheit auf Ketten zu graben; immer gegen Mißbräuche eifernd, und nie müde die stämmigen Wurzeln derselben zu begiessen; immer im Nahmen des Volks über Ungerechtigkeit schreiend, und immer beschäftigt die Binde über seinen Augen noch fester zusammen zu ziehen; immer übersprudelnd von den grossen Worten Billigkeit, Gesez, Rechtschaffenheit, indessen ihr mit einer Hand die Gerechtigkeit für das Gold des reichen Verbrechers feil bietet, und mit der andern das Schwerdt des Henkers für den

dürftigen Unschuldigen schleift; immer eifernd gegen
eigenmächtige Befehle der despotischen Gewalt, indeſſen ihr in e i n e m Jahre mehr von jenen verhaßten
g e h e i m e n V e r h a f t b e f e h l e n (lettres de cachet)
mißbraucht, als ein la Vrilliere in ſeinem ganzen Leben; mit einem Worte: immer mit dem Monarchen
umgehend, wie Schulknaben mit dem Schulmeiſter,
die ihm ein Schnippchen ſchlagen, wenn er den Rücken kehrt, und ſich tief zur Erde beugen, wenn er
ſie anſieht.   Ihr gebt euch von jeher für die Reprä-
ſentanten des königlichen Anſehens, das ihr entweihtet, indem ihr das Teſtament Ludwig des Dreyzehnten vernichtetet, und abermals entweihtet, als
ihr mit Gewalt die Regentſchaft Annen von Oeſterreich übertrugt.   Mazarin kannte dieſe Herren recht
gut, und der Kardinal von Retz noch beſſer.

Wenn die Geſchichte ſich zum Lächeln herablaſſen
dürfte, ſo würde ſie hier ihren Griffel gegen Scarrons grotesken Pinſel vertauſchen. Aber ſie giebt
den Nahmen Brouſſel, den König der Hallen, den
ſchwachen Gaſton, und die platten, aus vollen Händen über Anführer und Soldaten der Fronde ge-
ſtreuten Zweydeutigkeiten, der Verachtung Preiß.
Und wenn die Muſe der Geſchichte, die heute mit
mehr Würde einhertritt, weil ſie überall wieder auf
Menſchenwürde blickt, jene Gährung des Pariſer
Volks einen Augenblik lang ihrer Aufmerkſamkeit
würdigt; ſo geſchieht das, weil ſie mit Wohlgefal-

len die erſten Funken der Glut unterſcheidet, welche einſt in einem Nu die verhaßten Thürme der Baſtille verzehren ſollte; weil ſie dort den nagenden Wurm im Innern der Reiche entdekt; jenen Gemeindegeiſt der im Schooſe eines Vaterlandes Menſchen zu iſoliren ſucht, welche ein Glaube verbindet; jenen Gemeindegeiſt, der mit Freuden zehn Millionen verſchleuderte, um Frankreich in Flammen zu ſetzen, und hundert tauſend Thaler verſagte, um ihm den Frieden zu geben; ungefähr ſo, wie in unſern Tagen die Verſammlung der Geiſtlichkeit im Schooſe unermeßlicher Beſitzungen Armuth log, um dem Vaterlande eine mäſſige Hülfe zu verweigern; achtzehn Monat nachher aber die ungeheure Summe von vierhundert Millionen bot, um den Beſitz von Gütern zu erhalten, die ihr nicht zugehören. Ja, der Blick der Muſe verweilt, denn überall trift er auf die Argliſt der Mächtigen, die ſich hinter das Intereſſe ihres Volks verſtecken, um eben dieſes Volk zum blinden Kämpfer zu machen, der die Fehde ausſicht, deren Opfer er wird, ſelbſt dann wenn er Sieger iſt, und ſo geht endlich aus allem dieſen die groſſe Lehre hervor: ohne Gleichheit iſt nirgends Freiheit und Friede.

Der Coadjutor von Retz haßte Annen von Oeſterreich, und das beweißt noch nicht die Reinigkeit ſeiner Sitten; er haßte auch Mazarin, und das beweißt noch nicht ſeinen Hang zum Guten, ſondern einzig und allein ſeine unerſättliche Begier Mini-

ster zu werden, und den Kardinalshut zu erlangen. Er bediente sich hiezu, seinem Charakter gemäß, mehr des Geistes der Kabale, als
der feinen Schlingen des Höflings; er conspirirte im
Großen, und wenn es wahr ist, wie der Präsident
Henault behauptet, daß er immer das Ansehen gehabt habe, Intriguen ohne Zwek anzuspinnen, so
war das warlich nicht sein Fehler, sondern der
Fehler der handelnden Personen, die mit ihm auf
der Bühne standen; das ewige Schwanken dieser
Menschen, ihre unaufhörlichen Aufschneidereyen, ihr
in den Tag hinein Handeln, die Ebbe und Fluth, welche
sie immer und immer zwischen Verwegenheit und
Albernheit, zwischen Bestürzung und Prahlerey her-
umwarf. Ein Herzog von Beaufort, eine Herzoginn von Chevreuse, ein Gaston und sein Hof, ein
Parlament, welches aus Mitgliedern der Fronde
bestand, diese sind es, welche seinen Entwürfen das
Ansehn der Selbstständigkeit rauben, das ihnen gewiß nicht mangeln würde, wenn er zum Beyspiel nur
Guisen zu Mitverschwornen gehabt hätte, wenn er mit
einem Wort nicht auf der Bühne gestanden hätte, wie
le Kain unter den Gaucklern einer Jahrmarktsbude.

Dieser Mann, er sey nun inconsequent oder nicht
in seinen Entwürfen gewesen, machte gleichwohl
den Hof zittern, und vielleicht gar den großen Conde,
der sich gezwungen sah mit dem Hofe nach St.
Germain zu flüchten. Ein Geist des Wahnsinns,

nicht jenes Wahnsinns, der zu grossen Verbrechen
leitet, sondern jener Thorheit, die nur Carricaturen
hervorbringt, hatte sich aller Köpfe bemeistert; der
Staat war seinem Untergang nahe, und der Adel
versammelte sich mit grosser Würde, geharnischt
und mit dem Schwerdt an der Seite, um zu entscheiden, ob dieser oder jener Dame am Hofe ein
Tabouret gesezt werden dürfe. d'Hoquincourt schrieb
in den Laufgräben von Perronne Liebesbriefchen an
seine Dame; la Rochefoucault scandirte Verse beym
Pfeiffen der Kugeln am Thor St. Antoine; der
grosse Conde entsagte der Fronde, der er zugethan
war, um eine Königinn und einen Minister zu vertheidigen, die er verabscheute; die grosse Kammer
(la grande Chambre) verwandelte sich in einen
Kriegsrath; zwanzigjährige Räthe ernannten dort
Generale, entwarfen Plane zu Schlachten, und spra-
chen, obgleich entnervt durch Wollust, nur von Mauern die man im Sturm erobern und der Erde gleich
machen müsse, indessen Longueville, Bouillon, Beaufort und Conti, knieend die Ehre heischten, für diese toga zu sterben, die sie in ihren nächtlichen Orgien
verspotteten. Sogar der unbestechliche Turenne
ward von der allgemeinen Epidemie angegriffen;
er verlies auf einen Augenblick seine Lorbeern, seinen Ruhm und sein Heer, um den Hochmuth der
Herzoginn von Longueville einzuschlürfen. Die Tugenden der Moral begleiteten die Vernunft in ih-

rer Verbannung, und selbst das Unglück, jene grosse
Lehrmeisterinn der Könige, verfehlte ihren Zwek,
als sie sich den noch zu jugendlichen Blicken Ludwigs
des Vierzehnten darstellte, zu einer Zeit, da er ihre grossen Lehren noch nicht zu fassen vermogte. –

Dieser Nebel in den Köpfen und um die Köpfe,
wurde nach und nach schwärzer. Conde gieng über
zu der Parthey der Fronde, und der Coadjutor zu
der Parthey des Hofes. Hier fand Retz den Kardinalshut, den er schon lange erwartet hatte, und
dort fand Conde die Verrätherey, die er nicht erwartet hatte. Die Thürme von Vincennes verschlangen den Helden, und die Wollüste des Hofes
fesselten den Priester, aber beyde kehrten bald wieder zu ihrer Bestimmung zurük, der eine auf das
Schlachtfeld, und der andere auf das Feld der Kabale. Mazarin, gewandter als sie beyde, hatte das
Ansehen, das Opfer aller Partheyen zu seyn, und
war es von keiner. Poitou, Anjou und Guienne
empören sich beym Anblik des Siegers von Lens.
Die Spanier ergreifen die Waffen für ihn, Auf-
ruhr schändet seine Lorbeern. Turenne, seinem Ruh-
me zurückgegeben, wird des wankenden Vaterlandes Stütze. Ludwig der Vierzehnte im Gefolge eines verhaßten Ministers, schleppt die Reize seiner
Jugend, und das Gemählde der Verblendung seiner Mutter, von Provinz zu Provinz. Der um-
herschweifende Herzog von Lothringen Carl der Sechs-

te , dieſer Armeenkrämer, kommt, ſeine Hülfe dem
Meiſtbietenden anzutragen. Er verlangt Gold, und
das verſagt man ihm; er entſchädigt ſich durch Raub,
und den duldet man. Alles bewaffnet ſich, alles
treibt ſich bunt durcheinander, jedermann iſt ſchwach,
und jedermann behauptet ſtark zu ſeyn. Der Kardinal von Retz lauſcht im Innern ſeines Pallaſtes;
der Herzog von Orleans zittert in Luxemburg;
das ſtürmiſche Parlament ſchmiedet Arrets, und der
groſſe Tag der Vorſtadt St. Antoine naht heran.

Denkwürdiger Tag! an welchem Talent und Muth
der beyden gröſten Helden Frankreichs miteinander
kämpften, und deſſen Schikſal, um dieſem Kriege
den lächerlichen Stempel nicht zu rauben, die In-
conſequenz eines Mädchens entſchied. Mademoiſelle,
mehr die Geliebte des Scepters als des Königs,
verlohr den Kopf ſo gut als ganz Frankreich, und
ließ gegen die Truppen desjenigen, welchen zu heyrathen ſie doch für Begierde brannte, jene eherne
Feuerſchlünde der Baſtille richten, deren Donner
der treuloſe Launai jüngſt der unwilligen Seine
zum leztenmal hören ließ.

Während dieſer Reihe von Begebenheiten war
Ludwig majorenn geworden. Bis dahin hatte, ein-
geſperrt in den Pallaſt ſeiner Mutter, nur die Liebe ſeiner Jugend Morgenroth verſchönert, und ungenüzt waren die erſten Blüten ſeines Geiſtes dahin gewelkt; ungenüzt, entweder, weil er von

Natur zur Verstellung geneigt, die Regentin und den Minister argwöhnisch zu machen fürchtete, und weil er, in den Künsten des Hofes nicht ganz fremd, die Gefahr voraussah, allzufrüh ahnden zu lassen, was er einst seyn werde, wohl wissend, wie wenig einer ehrgeizigen Königinn und einem italiänischen Priester ein Verbrechen kostet, wenn es sie von dem Sterblichen befreyt, der ihnen einst furchtbar werden kann; oder weil seine noch zu schwache Seele das Vergnügen der Herrschaft noch nicht kannte, von welchem sie in der Folge trunken werden sollte; kurz Ludwig der Vierzehnte schien zu den Füssen der liebenswürdigen Mancini den Thron und dessen Pflichten zu vergessen. Er hatte, sagt man, grosse Lust sie zu heyrathen, und war Herr genug über sich selbst, diese Lust zu bekämpfen.

Ist diese Anekdote auch wahr? oder diente sie nicht, so wie viele andere, obgleich alle Schriftsteller sie erzählen, der Schmeicheley, deren Götze immer mit Wunderdingen umringt ist? Wenigstens ist hier ein Widerspruch im Charakter des Königs. Wie war es möglich, daß er in einem Alter, wo die Leidenschaften schweigen, wo man den Ueberdruß verliebten Genusses, nach der Menge und Mannichfaltigkeit dieses Genusses, die der Thron darbietet, berechnen kann, in einer Zeit, wo er so eifersüchtig über der Verletzung der kleinlichsten Vorrechte dieser Grösse wachte; wie war es möglich, daß er

damals der Frau von Maintenon seine Hand bot,
die schon lange von keinem Liebesgotte mehr umgau-
ckelt wurde, und keine Reize mehr besaß, das er-
storbene Herz eines alternden Königs zu erwärmen.
Im Frühling des Lebens hingegen, wo Glut das
Herz füllt, und die süße Täuschung der ersten Liebe
sich zu den gebieterischen und zauberischen Gesetzen
der Natur und Jugend gesellt, damals hätte dieser
gekrönte Jüngling der Macht der Schönheit und
des Geistes widerstanden? Ist das begreiflich? Ich
bekenne daß die Unächtheit auch nur des Wunsches
einer solchen Vermählung, mir durch den Heyraths-
contrakt der Wittwe Scarrons erwiesen scheint.
Ohne Zweifel liebte er die Mancini, und wenn er
sie nicht heyrathete, so geschah es nur deshalb, weil
er nicht daran dachte, weil neue Gegenstände, rau-
schende Vergnügungen, worinn man ihn so gern
stürzte, um seine Kraft durch Weichlichkeit einzu-
schläfern, vielleicht auch die, seinem Alter, und
vorzüglich Königen eigene Unbeständigkeit, ihn mit
sich fortrissen. Man merke wohl: ein verliebter Monarch, und in wen verliebt? in die Nichte eines
ehrgeizigen Ministers. Welche Macht auf Erden
hätte eine solche Vermählung hintertreiben mögen?
Seine Mutter, sagt man? O wäre Mazarin des
Herzens seines künftigen Eidams versichert gewesen,
welch' ein schwaches Hinderniß blieb dann die Gewalt Annens von Oesterreich!

Wenn gleich diese Geschäftlosigkeit ihn auch zu
der liebenswürdigen Connetable Colonne und ihren
Schwestern führte, wo sein Geist Politur erhielt;
wenn gleich das Bedürfnis die Zeit zu tödten, ihm
die ersten Meisterwerke des Corneille, und überhaupt
die wenigen guten Bücher, die damals vorhanden
waren, in die Hand gaben, welche seinen Geschmak
bildeten, so schöpfte er doch auch damals jene für
Frankreich so traurige Neigung zur Pracht, welche
von den Liebeshändeln der Könige unzertrennlich zu
seyn pflegt. Diese Pracht wurde eine Geisel für
Frankreich, und welchen Glanz auch seine Regie=
rung über sein Jahrhundert verbreitet haben mag,
so bleibt es doch immer eine zu drückende Bürde
für ein Reich, in seinem Beherrscher, einen Alex=
ander im Kriege, und einen Sesostris im Frieden
zu besitzen. Als er auf den Thron stieg, bedurfte
der Staat mehr eines Königs mit weiser Sparsam=
keit, als mit Ruhm geziert. Das Glück der Völker
ist kostbarer als das Interesse der Künste. Nicht die
Künste geleiten die Philosophie zu uns; sondern je=
nes sanfte Wohlbehagen, jener bescheidene Ueber=
fluß jedes einzelnen Staatsbürgers, diese sind die
Vorläufer der Himmelstochter Weisheit. Aus einer
gewissen gleichen Verbreitung der Glücksgüter, ent=
springt jene Gleichheit der Menschen, das erste Ge=
sez der Natur. Der Prunkreichste König ist der ärm=
ste König, und das Elend eines Volkes ist leicht
nach den Diamanten seiner Krone zu berechnen.

Unter allen Herren, war Ludwig der Vierzehnte derjenige, den ein Colbert am wenigsten ertragen konnte; ihr gegenseitiger Stolz hemmte oft das Rad der gemeinen Wohlfahrt. Ein Mann wie Colbert war nothwendig für Frankreich, Ludwig der Vierzehnte war das nicht. Nach der wüsten Haushaltung Mariens von Medicis; nach den thörichten Verschwendungen Richelieus, für seine Creaturen, für Gefängnisse und katholische Heere; nach Annens von Oesterreich kostspieligen Zänckereyen mit dem Königreiche, und ihrer verschwenderischen Anhänglichkeit für Julius Mazarin, hätte ein König wie Carl der Fünfte auftreten müssen. Aber wenn die Völker einmal dem Rechte, sich einen König zu wählen, entsagt haben, so thut Gott um ihrentwillen kein Wunder, und giebt ihnen nicht immer einen, wie ihr Herz ihn begehrt.

Der, für die noch kraftlose Unterschrift Ludwigs des Vierzehnten, ehrenvolle Münstersche Friede, welcher kurz vor seiner erlangten Majorennität geschlossen wurde, war heilender Balsam für die innerlichen Zerrüttungen, und weissagte im voraus alle die Gewalt, die dieser König einst über seine Nachbarn haben würde. Durch diesen Frieden, der zwischen Ludwig, Ferdinand, der Königinn von Schweden und dem deutschen Reiche geschlossen wurde, sind das Elsaß und die drey Bisthümer zu Perlen in der französischen Krone geworden.

Bald nachher wurde Ludwig majorenn, aber nicht König, denn Mazarin lebte noch, und mit ihm die unglückschwangern Jnconfequenzen des Hofes, der Fronde, und des Prinzen Conde. Die Spanier waren allein klug, wenn man anders eine Nation klug nennen darf, die nicht edelmüthig handelt; sie zogen Vortheil von der Anarchie der Gewalt, sie drangen ein in die Picardie, in Champagne, in Lothringen, in Guienne, in Burgund; und indeßen der Bischof von Soissons zu Rheims, den albernen Gebrauch Könige zu salben, dessen sich die Kirche anmaßt, fortpflanzte, waren die Spanier fast an den Thüren des Tempels, in welchem Ludwig aus den Händen eines Priesters eine Krone empfieng, die das Volk allein ihm geben konnte. Diese Ceremonie schien indessen sein Glück aus dem Schlafe zu wecken: Stennai wurde erobert, die Belagerung von Arras aufgehoben; beydes verdankte man den Talenten eines Fabert, Turenne, de la Ferte und d'Hoquincourt. Die Spanier fühlten bald den Wechsel des Glücks, und Conde die Nothwendigkeit einer Verzeihung.

Damals erschien in Frankreich jene berühmte Königinn Christine, vielleicht die einzige ihres Geschlechtes, die fähig war einer Krone zu entsagen. Tochter des grossen Gustavs, im Felde gebohren, mangelte ihr nur noch das Schauspiel einer Schlacht, um ihre Tapferkeit neben die ihres Vaters zu stellen. Sie vereinigte mit der selbstständigen Kraft einer Semiramis, die kriegerische Ausgelassenheit einer Zenobie; sie besaß mehr den Prunk als den Kern der Tugenden. Eine Art Unruhe, die ihrem Charakter anhieng, war die Ursache ihres Herabsteigens vom Throne, nicht aber, wie sie von sich selbst rühmt, die Liebe zu den Wissenschaften, sondern ein Bedürfnis den Platz zu wechseln, ein Gelust der Unbeständigkeit. Sie war ein Mann von Kindheit auf, aber dieser Mann war kein Held, dieser Mann war auch kein Weltweiser, sondern ein Abentheurer. Dieser Rolle blieb sie immer treu, nur eine Viertelstunde lang in ihrem Leben war sie Weib, und diese Viertelstunde ist mit einem Verbrechen bezeichnet. (*) Man darf sie indessen wohl unter jene seltenen Wesen rechnen, deren Erscheinung auf der Erde den Ideen des Menschen einen erhabenen Schwung giebt. Das fühlte Cromwell wohl, als er ihr verbot nach England zu kommen; aber bey dieser Gelegenheit war Cromwells Politik äußerst kindisch; Christine ward geschaffen, ein Studium dem Weltweisen, ein Schauspiel dem Volke, und nicht ein Muster den Fürsten.

Paris bewilligte ihr unerhörte Ehrenbezeugungen. Zwanzigtausend Bürger empfiengen sie in den Waffen, die Straßen waren mit Tuch bedeckt, und mit Sand

---

*) Vermuthlich spielt der Verfasser hier auf die Geschichte des unglücklichen Stallmeisters an. A. d. U.

beſtreut; der Thronhimmel, welchen ſie ausſchlug, gieng vor ihr her. Dieſer Enthuſiasmus für die Könige, ſie mogten gut oder ſchlecht ſeyn, war lange Zeit eine Krankheit der Hauptſtadt. Die Freiheit hat ſie endlich davon geheilt.

Dieſe Freiheit, dieſe Tochter der Menſchlichkeit, war noch fern. Die erſte Handlung Ludwigs des Vierzehnten, welche man mit dem Nahmen W o h l t h a t ſchmükte, war die Erbauung des allgemeinen Hoſpitals, beſtimmt diejenigen Armen einzuſperren, welche die damalige Noth auf den Straſſen herumtrieb. Die zärtlichen Blicke der Hoffrauen und Höflinge jener Zeit, welche in Chriſtinen nichts geſehen hatten, als ein Weib von übelm Ton, deßen Kopfzeug Schrecken einjage, und das im Tanze nie Tact halte, wurden vermuthlich durch dieſe vervielfältigten Gemählde des öffentlichen Elends beleidigt, und die Hand, die ihren ſchmutzigen Seelen dieſe überläſtige Lehre erſparte, war für ſie die Hand eines Gottes. Aber welch' ein Gott! der in ſeinem Herzen kein anderes Mittel findet, das Unglück zu erleichtern, als Kerker, indeſſen er auf der Oberfläche der Erde über eine Strecke von einigen tauſend Meilen herrſcht, deren ein Viertel unangebaut iſt.

Inzwiſchen nahte der Pyrenäiſche Friede, und Mazarin, bald verbannt, bald zurükberufen, aber immer noch im Beſiz einer Gröſſe, die ihn ſelbſt in Erſtaunen ſezte, legte nun den erſten Grundſtein

des Gebäudes, welches sein Genie schon längst ent-
worfen hatte, und behauptete endlich einen Plaz
unter den großen Ministern, indem er, durch die
Vermählung seines Herrn mit der Infantin von
Spanien, dem Hause Bourbon es leicht machte,
die Stufen des spanischen Thrones zu ersteigen.

Wenn der Staatsmann, indem er sich ins Ministerium hinauf schwingt, wüßte, wie tief diese
Erhebung vielleicht seine Rechtschaffenheit erniedrigen wird, wenn er anders den Nahmen eines grossen Ministers erringen will, es würde keiner um
diesen Preiß Anspruch auf jenen Titel machen. Eine demüthigende Wahrheit für die Menschen! Es
giebt also in den grossen Gesellschaften ein Amt,
wo ein ehrenvoller Ruf allein von der gänzlichen
Vergessenheit oder Verachtung der ersten Grundge-
setze der Gerechtigkeit und Billigkeit abhängt, und
dieses Amt — ist das eines Ministers. Das ist ein
den Monarchien eigenes Laster, es ist vielleicht ihr
einziges Laster, und der Ursprung der Herabwürdigung der Sitten. Wo Menschen wohnen, da wohnen auch Leidenschaften, viele gehören nur ihrem
Jahrhundert an, aber der Ehrgeiz ist die Leidenschaft aller Jahrhunderte; es giebst sonst kein Amt,
in welchem nicht die Tugend den Ehrgeiz veredeln,
und sogar rechtfertigen könnte, der Plaz eines Ministers ist der einzige, wo Tugend ihn nur herabse-
tzen würde. Und was soll am Ende aus den Sit-

ten eines Volkes werden, welches einen Posten unter
sich duldet, in welchem das Vergessen aller Tugenden den Tempel des Rufes öffnet. Zur Ehre
der Menschheit sey es gesagt: wenn die grossen Minister selten sind, so ist das ein Beweiß, daß es
viele ehrliche Leute in der Welt giebt. Ein erhabener Geist, mit einem verdorbenen Herzen ver-
gesellschaftet, ist ein Phänomen in der Natur. Es
ist traurig zu bekennen: der Ruhm eines Ministers
ist auf die ganze Schnellkraft grosser Männer, und
auf die abgehärtete Rauhheit grosser Verbrechen
gegründet.

Wieviel übels hat nicht jenes grosse Werk Mazarins
verursacht! wieviel Blut hat es nicht gekostet! welche
Schätze hat es nicht verschlungen! mit welcher Angst
und Unruhe hat es nicht selbst seinen stolzen Herren gefoltert! Mazarin besaß zu viel Unterscheidungs-
kraft, um das nicht vorauszusehn; aber dies Werk
sollte seinen Ruhm verewigen, und was sind die
Rechte der Menschheit für den, der diesem Götzen
opfert. Genug daß der Scepter Spaniens in der
Hand Philipps des Fünften, ihm den Rang eines
grossen Politikers erwirbt, indessen Don Ludwig de
Haro, der rechtschaffenste Mann seiner Zeit, leicht
zu betrügen, weil er selbst nie betrog, leicht ver-
trauend fremdem Wort, weil er so viel auf das
Seinige hielt, kurz, der würdigste Minister,
wenn Freymüthigkeit nicht ein grosser Fehler
an

en einen Minister wäre; indessen dieser Biedermann, ohne sich etwas davon träumen zu lassen, unwiederruflich die Demüthigung eines Herrn unterzeichnet, dessen Freund und getreuester Unterthan er war.

Während Mazarin dem Hause Bourbon Thronen, Frankreich Thränen, und Europa Schlachten zubereitete, rächte der Tod die Welt an Cromwell. Die größte seiner Schandthaten war der Mord Carls des Ersten, die schwärzeste aber, der Raub der Freyheit. In schrecklicher Mischung herbergte sein Busen die Härte des Brutus und die Treulosigkeit des Catilina, die Abscheulichkeit Sejans und die Heucheley Mahomets. Seine Seele war ein Abgrund, in welchen alle Tugenden grosser Männer sich hinabstürzten, um sich dort in Laster zu verwandeln. Der einzige Tyrann in seiner Art, ist er auch der einzige, von welchem selbst das Grab die Welt nicht befreyt hat. Sein Andenken ist eine Geisel für die Befreyer der Menschen. Bis an das Ende der Tage wird das scheusliche Verbrechen auf ihm ruhn, Argwohn zwischen Völker und ihre Befreyer ausgesäet zu haben. In allen Zeiten werden durch Cromwell die Nationen später frey werden; und er ist der einzige Tyrann, dessen Andenken durch sein Verbrechen würdig ist, der Verachtung eines freyen Volkes nicht zu entwischen.

Cromwells Tod, und mehr noch die Tugenden

Gem. d. Reg. Ludw. XIV.   3

seines Sohnes Richard, gaben den fast vergessenen Rechten Carls des Zweyten neues Leben. Er war rechtmässiger Erbe der drey blutigen Kronen des unglüklichen Carls des Ersten; er kam jezt, um den Ministern von Frankreich und Spanien seine Titel und seine Armuth vor Augen zu legen. Spanien verbarg hinter scheinbarer Erschöpfung seine würkliche Gleichgültigkeit. Frankreich, dessen Organ Mazarin war, gab sich nicht einmal die Mühe, die Verachtung zu bemänteln, welche es den bey Dumbar und Worchester Ueberwundenen fühlen ließ.

Carl dem Zweyten blieb also keine andere Hülfe übrig, als der Himmel, und der Himmel half ihm. Seine Zurückberufung nach England, ist eine von jenen sonderbaren Revolutionen, welche der menschliche Geist nicht vorher zu sehen vermag. Ohne ein anderes Gefolge, als das seines Unglüks, welches oft mächtiger als Waffen auf ein grosmüthiges Volk Eindruk macht, gieng er auf Moncks Ruf zurück über das Meer, und ganz England, in Thränen schwimmend, erwartete ihn am Ufer. Dieses rührende Gemählde, diese würdige Aussöhnung des erzürnten Geistes Carls des ersten, diese grosse Lehre, welche Königen zeigt, daß sie über Menschen herrschen, und welche Jakob der Zweyte, der an der Seite seines Bruders sie empfieng, in der Folge so schlecht benuzte, glich der unerwarteten Catastrophe eines Trauerspiels, welche den geängsteten Zuschauer angenehm überrascht.

Während die Engländer ihre Freyheit gründeten,
indem sie den populären Carl den Zweiten an dies,
Königsohren so fremde Wort gewöhnten; während
sie die Testacte schufen, deren Widerruf Jakob
den Thron kostete; und der höfischen Verschwendung
Grenzen sezten, durch die Pension welche sie ihrem
Monarchen auswarfen; zogen die Franzosen ihre
Fesseln noch enger zusammen, da sie Ludwig den
Vierzehnten zum erstenmale den berauschenden Weih-
rauchdampf einathmen liessen. Sein Einzug in
Paris, nach seiner Vermählung war ein Triumph:
Mazarin theilte die Ehrenbezeugungen dieses Festes,
an welchem die Schmeicheley, mit kriechendem Herzen und einer Hymne im Munde, den Purpur besudelte, der überall das Pflaster dekte, welches noch
von dem, durch den Ehrgeiz dieses Mannes, am
St. Antoniustage vergossenen Blute rauchte. Er
war mächtig und alles war vergessen; aber die Triumph-
bogen deckten den Pfad der zum Grabe führte; er
steigt hinab. — der Minister verschwindet. — und
Ludwig der Vierzehnte regiert.

. Seine ganze Bitterkeit, welche der lange Zwang
unter Mazarins Vormundschaft in ihm erzeugt hatte, hauchte er nun mit einem male in jenen berühmten Worten aus: „Hätte er länger gelebt, ich weiß
„nicht was ich gethan haben würde. „ O Ludwig!
du frägst was du hättest thun sollen? einen unver-
schämten Fremdling, dessen Ehrgeiz ein ewiger Zank-

3 .

apfel unter den Grossen deines Reiches war, entfernen, sobald du den Thron bestiegst; dein Volk erlösen von dem Manne, der es für den Fußschemel seiner Grösse gehalten hatte, der es zu Grunde richtete und dessen anmassender Pomp eine Beschimpfung war für das Volk und für dich. Da du nun aber einmal zu schwach warst um gerecht zu seyn, so hättest du wenigstens nicht nach seinem Tode von ihm reden sollen, wie Nero vom Burrus gesprochen haben würde.

Aber Mazarin hatte zu dem Marschall von Grammont gesagt: Ludwig trage mehr Stoff in sich, als zu vier Königen nöthig sey. Vier Könige! ein schreckliches Wort! vier Könige, nach Mazarins Grundsätzen, würden vier Tibere seyn. Diese Worte in Mazarins Munde würden Ludwig zur Schande gereichen, wenn er nicht hinzu gesezt hätte: „und Ein ehrlicher Mann.„ Und darinn hatte er recht, Ludwig der Vierzehnte als Privatmann, wäre ein ehrlicher Mann geworden, seine stolze Eitelkeit führte sein Herz irre. Einige seiner Einrichtungen tragen den Stempel der Gerechtigkeit, zuweilen gar der Menschenliebe; aber man hat doch auch dafür gesorgt, daß allenthalben die Königswürde durchschimmere, denn der Glanz des Scepters, der sie überall umgiebt, lähmt oft die großmüthige Hand, die sich ausstreckt, um ihre Gebrechen zu ergründen.

Gemeiniglich legt der Stolz den Herzen der Könige Stillschweigen auf. Unglüklicherweise für Ludw wig den Vierzehnten war sein Stolz von einer andern Gattung, denn jenen zu bändigen hielte ich ihn groß genug; dieser hingegen flößte ihm oft grosse Hingebungen des Herzens ein, und was blieb dann noch zu hoffen übrig! sobald der Stolz aufgehört hat, niederträchtig zu seyn, sobald gleicht er der Tugend, und König und Volk sind betrogen. Weder die Schmeichler noch die Höflinge allein haben Ludwig den Vierzehnten verdorben; die ehrlichen Leute seines Jahrhunderts haben weit mehr dazu beygetragen; das werde ich an einem andern Orte beweisen. Sie schrieben ihr Lob immer ganz auf Rechnung der Großmuth des Herzens, der Stolz allein maßte sich dessen an, und verdoppelte sich um das Lob zu verdienen; Monarch und Volk betrogen sich wechselseitig über das Motif der Huldigung.

Die meisten Könige überlassen sich, wenn sie den Thron besteigen, eher den Freuden der Königswürde, als sie ihre Pflichten kennen zu lernen versuchen. Ludwig der Vierzehnte ist preißwürdig, weil er umgekehrt handelte, sogleich für die Arbeit, und erst dann für die Freuden König war. Die ersten Tage nach Mazarins Tode verschlang der Staatsrath, und dieser drey und zwanzigjährige Jüngling, den man so lange nur Ludwig dem Dreyzehnten dienstbar gesehen hatte, entwickelte plözlich jene Kraft der Oberherrschaft, welche er der Natur verdankte. Seine ersten Worte waren ein Tadel der

Verwaltung des Kardinals; er sprach von seinen Entwürfen für die Zukunft, nicht wie ein Mensch der guten Rath begehrt, sondern als Herr, der mit der Ueberzeugung vertraut ist, seine Art die Dinge zu sehen sey die beste. Er mögte sie immerhin gut glauben, da er mit einem viel umfassenden Geiste begabt war, aber sein Betragen giebt hier ein gefährliches Beyspiel. Es giebt wenig Ludwige, und viel Könige, denen guter Rath heilsamer ist, als Gehorsam. Aber indem wir ihm die verdienten Lobsprüche ertheilen, müssen wir mit Wahrheit hinzusetzen, daß wenn er für das Wohl seiner Völker mit Gefühl und Einsicht sprach, er gleichergestalt merken ließ, daß es gefährlich sey, seinem höchsten Willen zu wiederstreben. So erfuhr Frankreich bald, daß es aufgehört hatte, eine Monarchie zu seyn.

Vorzüglich befanden sich die Finanzen in einem traurigen Zustande. An ihrer Spitze stand Fouquet, ein Mann wie der Kardinal ihn brauchte, der sich zu den Räubereyen des ersten Ministers herlieh, wenn man ihm nur bey seinen eigenen durch die Finger sah. Das Elend des Reichs schimmerte in den prächtigen Säulengängen von Vaux, und mahlte sich im Grossen in der stolzen Garde des Kardinals.

Colbert, Fouquets Geschöpf und Zögling, ließ ihn die Neigung ihres gemeinschaftlichen Wohlthäters schwer entgelten. Colbert war auch nur Höfling ehe er ein grosser Mann wurde, er ließ sich zu Verfolgung herab, wo er allein durch seine Talente seinen Gegner hätte stürzen können.

Der eigensinnige und auffallend sichtbare Hang Ludwigs des Vierzehnten zu grossen Dingen, brachte grosse Männer jeder Gattung hervor, in den Geschäften, im Kriege, selbst in den Vergnügungen; aber alle besassen die Geschiklichkeit, ihn grösser scheinen zu lassen, als Alles was sie für ihn thaten. Warum wurde zum Beyspiel, wenn wir sie reden hören, die Akademie der Innschriften gestiftet? Um der Nachwelt die Freude zu machen, Ludwigs Ruhm auf den Medaillen wieder zu finden, die seinen grossen Thaten bestimmt waren. Warum bildeten sich grosse Feldherren in der Kunst zu siegen? Weil Ludwigs Gegenwart bey der Belagerung von Stenai, den Lorbeern die sie zu seinen Füssen legen würden, ein gnädiges Lächeln zusicherte. Warum waren seine Gesandten an fremden Höfen so geschäftig jeden kleinlichen Verstoß gegen die Etiquette zu rügen? weil diese Huldigung ihm auf gewisse Weise zu sagen schien, Europa erkenne ihn für den Herrn seiner Herren. Wenn festlicher Pomp ihn umringte, so verstand man immer die Kunst, ihn glauben zu lassen, nicht seine Unterhaltung sey der Zwek desselben, sondern man bedürfe seiner Gegenwart, um die Künste zu verherrlichen. So gebahr überall das Verlangen, seinen Neigungen zu schmeicheln, grosse

3 . . .

Männer. Die Nothwendigkeit, welche man fühlte,
ihn hoch über das hinauf zu setzen, was man für
ihn that, war selbst ein Hindernis aller Mittelmä-
ßigkeit, weil diese leztere die Hochachtung welche
er für sich selbst hegte, in ihm vermindert haben
würde.

Dieses Studium seiner Neigungen, welches unter
seinem Scepter alle diese Leute zu Glück und Ruhm
führte, wurde dem einzigen Fouquet verderblich.
Das Carrousel hatte Ludwigs Hang zu glänzenden
Festen verrathen, man gab ihm jenes berüchtigte
und unglükliche Fest zu Vaux, wo der Minister
die Ungeschiklichkeit besaß, grösser zu scheinen als
der Monarch, und der Monarch klein genug dachte,
sich nicht zu stellen, als werde er es nicht gewahr.
Vergebens will uns die Schmeicheley, welche einen
Menschen der Kronen trägt in jeder Minute zum
Gott lügt, überreden, Fouquets Fall, von seinem
königlichen Gaste mitten in seiner eignen Freistatt
beschlossen, sey die Würkung eines plözlichen Unwillens beym Anblick seiner Asiatischen Pracht gewesen. Laßt uns aufrichtig seyn und gestehen, daß
das Schloß von Vaux, herrlicher als das Schloß
von St. Germain, damals das einzige Verbrechen
des Finanzministers, und sein Proceß nur die Würkung gekränkter Eitelkeit war. Laßt uns ferner
bekennen, daß diese Eitelkeit Ludwig den Vierzehnten
beynahe zu einem Verbrechen, welches nur Tyran-

nen aufgespart wurde, verleitet hätte: zur Entwei-
hung des heiligen Rechtes der Gastfreundschaft; daß
nur der geringere Schimpf des unüberwindlichen
Hanges zum Vergnügen, ihn vor dem größern öffentlichen Schimpf, Fouquet sogleich in Fesseln
schlagen zu lassen, bewahrte, weil das die Freude
des Hofes gestört haben würde, und der beste Beweiß, daß nicht die Liebe zur allgemeinen Wohlfart
die Rache Ludwigs anfeuerte, ist der: daß er den
Minister verfolgte, als ein rächender Tyrann, und
nicht als ein Beschützer seiner Unterthanen.

Während sich so ein König erniedrigte, rang ein
bloßer Privatmann nach Ruhm, und Fouquets Fall
geleitet Pelisson zur Unsterblichkeit. Süße, tröstli-
che Herrschaft der Tugend! wenn du hin und wieder in den Welt-Annalen erscheinst, so erhohlt sich
der Leser vor deinen schönen Gemählden von dem
Ueberdruß welchen der, bald mit Blut besudelte,
bald kindische Ruhm in ihnen erwekte. Die seltene
Freundschaft Pelissons für seinen gestürzten Herrn,
bedarf keiner Denkmäler von Bronze wie die Thaten der Könige; ihr Denkmal ist in den Herzen der
Menschen.

Colbert stand nun auf den Trümmern von Fouquets Glück, und erhielt sich darauf als ein grosser
Mann. Louvois war bestimmt, die Gunst des Monarchen mit ihm zu theilen, doch nicht die Gunst
der Nachwelt. — Warum? — Louvois arbeitete

nur für den König, und Colbert für die Menschen.
Ihm dankt die Menschheit den schönen Grundsatz,
welchen er Ludwig dem Vierzehnten einflößte: nicht
gleichgültig gegen das Urtheil der Welt zu seyn,
und würklich Tugenden besitzen zu müssen, weil ganz
Europa so viel von seinen Tugenden sprach. Er
verstand die unnachahmliche Kunst, Ludwigs Leidenschaften zu fesseln, indem er alles Gute, bestimmt
Aufsehen zu erregen, in seinem Nahmen that. So
ärndete Ludwig den Lohn des Guten, das seinen
Ursprung nicht ihm selbst verdankte, so wurde er
geliebt, ehe er noch liebenswürdig war; so mußte
man durch den Preiß eines Dinges, ihm den Wunsch
nach diesem Dinge zu entlocken.

Louvois im Gegentheil, gab ihm einen andern
Gesichtspunct; er gewöhnte ihn, die Thränen die
er den Völkern kostete, ihnen noch für Ehre anzu-
rechnen; er jagte, wenn ich mich so ausdrücken
darf, die Fühlbarkeit durch den Donner der Kanonen, aus seinem Herzen; im kriegerischen Getümmel erstikte er die Tugend, und hinderte sie, den
Trugschlüssen königlicher Gewalt entgegen zu arbeiten.

So unterjochte Colbert den Monarchen, um die
Welt an seinen Triumphwagen zu fesseln, und Louvois ließ den königlichen Menschen den Zügel schie-
ßen, um Europa an seinen Thron zu ketten.

So führte ihm Colbert das Lob in rosenfarbenem
Gewande vor, und Louvois schmiegte es in langen
Trauerkleidern zu seinen Füßen.

So ist Louvois der Nachwelt Rechnung schuldig, von dem Guten welches Ludwig der Vierzehnte nicht gethan hat; und die Nachwelt ist Colbert Rechnung schuldig, von dem Bösen, welches der von Gott gegebene unterließ.

Es ist sonderbar, daß diese Antithese der Geister, sich fast in allen großen Männern jenes Zeitalters wieder findet. Es scheint, das Genie habe sich damals nur mit den beyden Extremen vermählt, mit der größten Sanftheit, oder der größten Unbeugsamkeit. Dieser wunderliche Eigensinn war in allen Ständen unverkennbar, im Ministerium, in der Armee, in den Gerichtssälen, in der Kirche, in den Wissenschaften, ja sogar in den Weibern.

In der Armee: Turenne, der Sanfteste der Sterblichen, und Luxenburg der Hartnäckigste; Catinat, der Friedlichste, und Villars, der Herrschsüchtigste.

In den Gerichtssälen: Lamoignon, der Menschlichste, und Voisin, der Strengste.

In der Kirche: Bossuet, der reizbarste Prälat, und Fenelon, der Sanftmüthigste. Bourdaloue, der beissendste Redner, und Massillon, der Beugsamste.

In den Wissenschaften: Racine, der Tieffühlendste unter den Schriftstellern, und Boileau, der Undultsamste unter den Dichtern. La Fontaine, der Einfachste unter den Menschen, und Moliere, der am wenigsten Geschmeidige.

In den Künsten: le Brun, der stolzeste der Mahler, und Mignard, der zärtlichste Freund. Le Notre, der bescheidenste, und Mansard, der aufgeblasenste Höfling.

Unter den Weibern: Scuderi, die Sanfteste, und Dacier, die Stolzeste; la Valliere, die Empfindsamste, und Montespan, die Uebermüthigste; Fontanges, die Wollüstigste, und Maintenon, die größte Spröde.

Mit einem Wort: überall vermählte sich das Genie mit der Härte, oder lieh der Sanftmuth Stärke; überall weigerte es sich, zu jenen Mittel-Charakteren herabzusteigen, und ihnen durch seine Gegenwart Glanz zu geben.

Jezt dürfen wir glauben, daß diese, der Ordnung der Natur anscheinend widersprechende Verurtheilung der Geistesgaben, eines der moralischen Mittel war, dessen sich die Vorsehung bediente, um die Freiheit herbey zu führen. Da sie die grossen Männer jener Zeit solchergestalt unter zwey feindliche Fahnen ordnete, so mußten nothwendig, durch das ewige aneinander reiben, beyder Partheyen, Funken sprühen, welche stark genug waren, die Fackel der Philosophie anzuzünden. Diese Philosophie, eine Tochter beyder Partheyen, hat die Irrthümer ihrer Väter abgeschüttelt, sie leiht von der Unbeugsamkeit jener, nur die stolze Liebe der Freiheit, und von der Sanftmuth dieser, nur die Menschenfreund-

schicket. Sie hat den Menschen unmerklich zu Schä-
zung und Abwägung seiner Rechte, zu Eingrenzung
willkührlicher Macht, und zu Wiederaufbauung derjenigen Gewalt geleitet, welche die Menschenrechte
schüzt. So haben die Sklaven Ludwigs des Vierzehnten, (gefährliche Sklaven, weil sie wider die
Gewohnheit Biedermänner waren,) ohne es selbst
zu wissen, den ersten Ring der Kette gelöset, welche Frankreich schleppte.

Der Wirrwarr der Geschäfte und Freudenfeste,
der Sporn der Ehre, und die Reize der la Valiere,
machten für jezt das fromme Amt des Pater Ferrier unnüz. Die unbedeutende Geschäftlosigkeit des
Jesuiten, der vor einem la Chaise und Tellier her-
gieng, ließ damals noch nicht ahnden, daß das Amt
eines Beichtvaters am Hofe einst so wichtig seyn
werde. Ferrier, der, obgleich Priester, doch auch
Mensch war, wollte, da er das Unkraut auf den
ihm anvertrauten Gefilden nicht ausjäten konnte,
Ludwig den Vierzehnten wenigstens den Anhängern
des Jansenismus entreissen, wenn er ihn auch nicht
für Gott gewinnen könnte. In unsern Tagen der
Aufklärung, wo wir gelernt haben, die täuschende
Wolke zu durchschauen, in welche die Sacerdocratie
ihre Leidenschaften hüllt, sehen wir recht gut, daß
nicht der berüchtigte Augustin des Bischoffs von
Ypern das eigentliche Verbrechen des Jansenius
war; sondern die doppelte Gesandschaft, welche die

Univerſität von Louvain ihm an den König von
Spanien auftrug, um den Jeſuiten die Lehrſtühle
in dieſer Stadt zu unterſagen. Der beleidigte Stolz
rägte an dem Buche, den Schritt welchen der Verfaſſer gewagt hatte, und tauchte, wie gewöhnlich,
das Rachſchwerdt in die blutenden Wunden der Religion. Wollte man ſtrenge unterſuchen, man würz-
de finden, daß alle fromme Streitigkeiten, alle Sek-
ten, ſelbſt alle Ketzereyen, ſich immer nur auf Hals-
ſtarrigkeit des Irrthums von einer Seite, und auf
Starrköpfigkeit der Vernunft von der andern gegründet haben; daß alle die unverſöhnlichen Feind-
ſchaften in der römiſchen Kirche, nur der Verblendung beyder Partheyen ihren Urſprung danken,
welche an den Zänkereyen einiger heftigen oder rach-
ſüchtigen Köpfe Antheil nahmen, deren ganze Kunſt
darinn beſtand, das Motif ihrer Streitſucht wohl
zu verſtecken.

Glüklicherweiſe waren die Schlachten, welche der
Janſenismus und der Molinismus ſich lieferten,
nicht blutig; aber haben ſie drum der Menſchheit
weniger Schaden zugefügt? Wenn die Unfehlbarkeit der Päbſte eine der Stützen der Römiſchen Kirche war, ſo haben ſie dieſe Stütze untergraben,
denn in allen den widerſprechenden Urtheilen, welche dieſe und jene in dieſer allzulangen Unterſuchung
füllten, müſſen doch wohl dieſe oder jene ſich betrogen haben; wenigſtens dürfen wir vermuthen,

daß die Sache an und für sich selbst nicht wichtig
genug war, um durch die Entscheidung auf ihre Ur-
theilskraft, oder auf ihr Gewissen einzuwürken. Aber
der grosse Haufe ergründet nicht, und es ist doch
nothwendig für die Religion, daß ihre Handhaber,
diesem grossen Haufen keine Blösse geben, weil sie
unglüklicherweise nicht sich allein, sondern den Gottesdienst zugleich mit lächerlich machen. Diese beweinenswürdige Zänkerey entflammte die Köpfe hundert Jahre hindurch; sie bewaffnete den Richter
gegen den Priester, und den Altar gegen den Thron;
sie that Bossuet Schaden, da sie seinen Charakter
zu sehr ins Licht stellte; sie begieng das unverzeih-
liche Verbrechen, die Tage des guten Fenelon zu
vergiften; dessen Nahme allein eine Lehre der Menschlichkeit enthält; sie erwekte einem Arnold, einem
Nicole, einem Pascal Feinde, die nur Bewunderer
hätten finden sollen; sie verbreitete eine Art von
Wichtigkeit über die kindische Gunst des Paters la
Chaise, und über die kleinlichen Aufhezereyen des
Paters le Tellier; sie war eine neue Quelle von Unterdrückungen für Frau von Maintenon, die einzige würklich fromme Frau, deren Frömmigkeit der
Afterfrömmigkeit glich; sie entriß den lezten Tagen
Ludwig dem Vierzehnten die Fühlbarkeit, jene ge-
segnete Frucht des Unglücks, jene einzige Hoffnung
der Verzeihung, welche Königen übrig bleibt, wenn
das Volk ihrer Grösse überdrüssig geworden ist; sie

beschleunigte endlich vielleicht in neuern Zeiten die lezte Stunde des guten Clemens des Vierzehnten, jenes Heiligsten unter den Weltweisen des Vatikans.

Und wenn man diese grossen Ströme durch alle die kleinen Quellen von Irrthümern verstärkt, welche sich aus einer Privatgesellschaft in die andere schlängelten; die Verfolgungen des Quietismus; die Fesseln der Madam Guion, die nur Mitleid verdiente; das öffentliche Aergerniß, welches sich auf der Schwelle von St. Medar gelagert hatte; die in ihren kleinen Freystätten donnernden, und bald wie Herbstblätter zerstreuten Pfaffen; die dem Tempel der Geseze entrissenen Magistratspersonen; Väter, Kinder, Gatten und Gattinnen, immer zwischen Gefahren schwebend, um einiger Worte willen, die sie nicht einmal verstanden; die Sterbenden, welche vergebens nach den lezten Sakramenten schmachteten; das wütende Volk, welches die Särge der Todten beschimpfte; mit einem Worte: die Zerrüttung im Innern jedes Hauses, die Verwirrung in den Strassen, und das unanständige Betragen in den Gotteshäusern; so wird man zugestehn, daß, Schwerdt und Dolch ausgenommen, dieser heilige Krieg eben so viel Unglück angerichtet hat, als seine ältern Brüder.

Die jungen Schlangen des Fanatismus zischten noch kaum, als die ersten Strahlen von Ludwigs Ruhm durch den Schatten der Friedenspalme hervorbrachen. Europa war ruhig, und fünf Millionen

hatten

hatten Frankreich den Hafen von Dünkirchen erkauft, diesen Gegenstand des immerwährenden Nei-
des der Engländer, welcher damals der Verschwendung Carls des Zweiten geopfert wurde. Alles erhielt jetzt ein Ansehen von Grösse. Paris vervielfältigte seine Palläste, um den prächtigen Nahmen
Babylon zu verdienen, den die Verderbtheit der
Sitten ihr nachmals als wohlerworben zugestand.
Unter dem Schutz eines Colbert umgürtete sich der
Genius Frankreichs mit einem reichen Gürtel; der
Ackerbau verschönerte die Gefilde; die Künste berei-
cherten die Städte; die Freigebigkeit des neuen Mä-
cens suchte in der Ferne den Weisen, der nur selten
in seinen friedlichen Zufluchtsort durch das Andenken der Könige beunruhigt wird. Die nordischen
Fichten formten sich unter dem Eisen des französischen Arbeiters, und fesselten die Ehrfurcht Europens an Frankreichs Ufer; die Schmeicheley schrieb
auf das Diadem jenen lateinischen Sollecismus,
jenen riesenhaften und lächerlichen Wahlspruch:
nec pluribus impar.

Aber schon ward die Grösse dieser Regierung durch
Ludwigs Stolz verdunkelt, und — eigensinniges
Schicksal! oder, um richtiger zu reden, grosse Leh-
re der Vorsehung! — während die auffallende Art,
mit welcher Ludwig die Beschimpfung, welche man
Crequi zu Rom anthat, rächte, Europa den hohen
Stolz dieses Königs ankündigte; während dem, fast

Gem. d. Reg. Ludw. XIV.   4

In dem nemlichen Augenblicke, ward die grau-
famste Geisel dieses Stolzes, das Werkzeug seiner
tiefsten Erniedrigung, ward Prinz Eugen gebohren,
und in ihm gab der Himmel allen Nationen das lezte
Beyspiel des Elends, welches ungerechte Vorurtheile
der Minister über ihre Häupter verhängen. Schrekliche Bemerkung! aber werth, dem Genius von
Frankreich im Jahr 1791 dargeboten zu werden.
Laßt uns annehmen, Eugen sey im Schoose eines
freyen Volkes gebohren worden, in einem Reiche,
wo Verdienst alles, und Gunst nichts gegolten hätte, unter seines gleichen, deren scharfes Auge auf
seiner verwegnen Stirn sein künftiges Schicksal gelesen haben würde, oder deren patriotischer Geist
wenigstens den Verlust eines ihrer Brüder als ein
öffentliches Unglück betrachtet hätte; dann wäre
Eugen die Zierde seines Vaterlandes geworden;
das Schrecken seines Nahmens hätte er an das Wohl
des Staats gefesselt, Frankreich würde einen großen Mann mehr zählen, und die Rache einen großen Mann weniger. Aber Eugen erscheint unter
einem despotischen Könige, unter einem frechen
Minister, Eugen ist verloren! verloren für sich
selbst! verloren als Beyspiel der Welt! der Tag
seiner Verbannung ist das Signal des Todes für
eine Million Menschen. O Franzosen! erhaltet
eure errungene Freiheit! nur sie allein kann jenen
mörderischen Epochen zuvorkommen. Vergeßt nie,

ihr, die ihr es so lange und duldsam erfahren habt,
daß jede Minute, in welcher der Despotismus lebt,
den Augenwimpern Jupiters gleicht, deren kleinste
Bewegung Wuth, Unstern und Tod auf die Welt
herabsandte.

Die Türken, welche Eugen einst überwinden sollte,
um Frankreich überwinden zu lernen, verwüsteten
Ungarn, und der Großvezier Caproli verfolgte seine
Eroberungen bis Raab. Ludwig der Vierzehnte,
dem nicht immer seine Tractaten heilig waren, hielt
sie dießmal; er sandte Coligni, bey St. Gotthard
eine Schlacht zu liefern, und dem Sultan den Frieden abzunöthigen; während Beaufort, dieser durch
die Liebkosungen der Damen der Halle berühmte
Mann, auf den dürren und heissen, durch ihn ver-
heerten Gefilden von Algier und Tunis den Tod
fand, und seinem gewagten Ruf das noch fälschere
Gerücht der eisernen Larve beyfügte, welches, glük-
licherweise für ihn, doch nur allein die fruchtbare
Einbildungskraft des la Grange Chancel auf ihn
gewälzt hat.

Jene auswärtigen Kriege liessen Ludwig den Vierzehnten in Ruhe, er nuzte diese Ruhe, aber immer
als König. Die Aristokratie der Edlen ist eben so
drückend für den Despotismus, als für die Demo-
kratie, und unter einem schwachen Prinzen würde
die Schlange der Feudalverfassung die verstümmelten Glieder wieder gewonnen haben, welche einst

4

die politische Hand Ludwigs des Eilsten ihr abhaute.
Das gröste Unglük der Anarchie der Gesetze ist wohl
das, daß alle Welt sich anmaßt Gesetze zu schaffen,
und daß die Gesezgebung doch nur in der Hand
des Stärkeren bleibt. Die Zeiten der Verwirrung
sind Friedenszeiten für den Ehrgeiz der Grossen,
dann sezt nichts ihm Hindernisse, dann gewinnt er
sich Kreaturen, weil Jedermann Schutz nöthig hat;
dann schaft er sich Unterthanen, weil Niemand
einen Herrn will. In den Tagen der Zwietracht
gleichen die großen Herren den Bewohnern der Meeres-
ufer, die ihre Hütten von den Trümmern geschei-
terter Schiffe erbauen. Die Fronde hatte einen
Schwarm kleiner Unterdrücker hervorgebracht, und
die alten festen Thürme der Raubschlösser, sollten
vielleicht, zur Schande der Menschheit, aus den
Ruinen wieder emporsteigen. Dießmal aber erzeigte Ludwigs Stolz dem Volke eine Wohlthat,
die das Volk noch nicht sich selbst zu verdanken
gelernt hatte. Er blies in die Wolken dieser kleinen,
nur durch Vergünstigung herrschenden Mächte, und
die Tyrannen verschwanden. Preisen wollten wir
ihn für diese Wohlthat, hätte er sich nicht dabey
der Chambres de Commission bedient, der gefähr-
lichsten aller Tribunäle, die ihm leider noch oft
nachher dienstbar waren, und es immer den Despoten seyn werden, weil der Despot die Gerechtigkeit, der Gewisheit einer Entscheidung nach seinem
Willen aufopfert.

Um den Adel noch beſſer im Zaum zu halten, und ſeine Hülfsquellen zu verſtopfen, verabſchiedete Ludwig einen Theil der Soldaten, deren dunkle Exiſtenz ihn nicht beunruhigen konnte; behielt aber die Officiere bey, deren Gewalt über bewaffnete Menſchen ihm gefährlicher dünkte, und die er dem Militär ſeines Hauſes einverleibte. (la Maiſon du Roi) So gewann ſeine Politik, da ſie furchtbare Menſchen unter ſeine Augen feſſelte; ſo gewann auch ſeine Neigung zur Pracht, da der Glanz des Thrones dadurch verdoppelt wurde.

Aber einer jener Augenblicke ſeines Lebens, in welchem er hoch über jeden Tadel erhaben ſteht, war der, als er ſein Auge auf die Gebrechen der Juſtiz warf; als er erſchrak über die Langwierigkeit der Proceſſe, über den tiefen Rachen der Schikane, welchen bey jedem Hader zwiſchen dem Reichen und Dürftigen, dem Mächtigen und Schwachen, immer den leztern verſchlang. Hier würde Ludwig der Vierzehnte wahrhaft groß erſcheinen, da er, beſeelt vom edelſten Uneigennuz, weiſe Richter und aufgeklärte Rechtsgelehrte um ſich her verſammelte, die alten Ordonnanzen durchzuſehn und umzuſchmelzen; wahrhaft groß, wenn er ſich erinnert hätte, daß es ihm nicht gebührte, die Stelle des Volks eigenmächtig zu behaupten, welches allein das Recht hat, Geſetze zu ſchaffen. Jenen Bemühungen verdanken wir die weiſere, aber darum nicht vollkommene Ordonnanz von 1667.

Alle Theile der Staatsverwaltung ſchienen ſo, durch ſeinen Geiſt geleitet, in den Tempel des Ruhms hinaufzuſteigen, nur Louvois hatte noch nichts gethan, der ehrgeizige Louvois, der doch die Welt ſo gern in Flammen hätte ſetzen mögen, um ſich nur nothwendig zu machen. Anna von Oeſterreich hatte ihr Grabmal unter dem Dom des Val de grace gefunden, welchen ſie erbaut hatte; das durch ihren Vater, ihren Gemahl und ihren Liebling erſchütterte Europa genoß den Frieden; ſie ſtarb, Philipp der Vierte, ihr Bruder, ſtieg vor ihr hinab in die Gruft. Die Gelegenheit war zu ſchön, Louvois nuzte ſie. Maria Thereſia von Oeſterreich, Königinn von Frankreich, konnte durch dieſen Tod Anſprüche auf das Herzogthum Brabant, und auf die Grafſchaften Namur und Hainault machen, und man machte dieſe Anſprüche würklich, man machte ſie ſogar mit Stolz.

Ein Vergleich konnte allen unangenehmen Folgen vorbeugen; gern hätte der ſpaniſche Hof die Hände dazu geboten, denn die Regierung eines Kindes machte ihn ſchüchtern; aber man würdigte ihn nicht einmal zu hören, und der Miniſterialkrieg ward beſchloſſen.

Erwartet nicht, daß der Pinſel eines Franzoſen euch Siege mahlen werde, welche die Gerechtigkeit nicht durch ihre Gegenwart ehrte; am wenigſten heute, wo Philoſophie und Menſchlichkeit bei dem

Andenken jener traurigen Siege Ludwigs des Vierzehnten weinen; in einem Augenblicke, wo wir Europa gerächt haben, indem wir die schimpflichen
Siegeszeichen zerstörten, mit welchen jener Götze
der sclavischen Franzosen überladen war; heute,
wo die Nation, grösser als die Könige, die Welt
von dem Schrecken seiner Gewalt und seines Ruh-
mes befreyt hat, indem sie das blutige Gespenst der
Eroberungen auf ewig verbannte, die sorgsame Hand
der Liebe über alle Völker ausstrekte, und die Völker groß genug denken, sie zu sehen ohne Eifersucht,
sie zu umringen ohne sie zu bekämpfen. Vertrok-
nen würde die Hand des freyen Mannes, wenn
sie sich herabliese Ludwigs Eroberungen zu schildern.
Wer sie mit kaltem Blute beschreiben, wer sie mit
Vergnügen lesen kann, der ist gebohren Tyrannen
zu dienen, oder selbst Tyrann zu seyn. Augusts
Ruhm kam nur auf die Nachwelt weil die Kaiser
erst nach den Zeiten der Freiheit lebten.

Vierzig in wenig Tagen eroberte Städte, dies
ist das schrekliche Gemählde, über welches die
Menschheit mir einen Schleyer zu werfen gebietet.
Das sind die Thaten welche der Nahme Turenne
nicht zu entschuldigen vermag. Ihnen verdankt
jenes ungeheuer knechtische Distichon seine Geburt,
welches Tacitus und Plinius, wenn sie in unsern
Tagen lebten, mit der Inschrift des freigelassenen
Pallas in eine Klasse setzen würden:

4 . . .

Una dies Lotharos, Burgundos hebdomas una,
Una domat Batavos luna: quid annus erit?

Ach! die Antwort iſt leicht: er war einen Tag,
eine Woche, einen Monat lang die Geiſel der
Menſchen; hätte er das ganze Jahr vollendet, ſo
wäre er der Abſcheu der Menſchen geworden.

Der Schrecken Europens ſezte endlich dieſer Wuth
Grenzen, der Achner Friede entkräftete die Trakta=
ten zwiſchen Holland, Schweden und England,
und wichtigere Gegenſtände feſſelten das Auge der
Zuſchauer an Frankreichs groſſe Bühne. Der Ka=
nal von Languedoc öfnete dem Handel ein neues
Feld. Durch dieſes eben ſo weiſe entworfene, als
kühn ausgeführte Unternehmen, welchem drey Kö=
nige ſich nicht gewachſen glaubten, gewann Frank=
reich die Bequemlichkeit beyder Meere. Riquet
wagte es, der Natur vorzugreifen; zwiſchen Klip=
pen und Abgründen leitete ſeine geſchikte Hand bey=
de Oceane, welche mit Erſtaunen ihre Wellen
miſchten. Welch' eine verſchiedene Beſtimmung!
dort ſteht Ludwig der Vierzehnte bedekt mit dem
Blute der Burgunder, der Lothringer, der Flam=
mänder, und hier gräbt Riquet den Kanal von
Languedoc. Wie groß erſcheint der Menſch, wie
klein der Monarch!

Hier kann ich meinen Eifer gegen die Ungerech=
tigkeit der Menſchen nicht unterdrücken; denn dieſe
Ungerechtigkeit gränzt nahe an Undankbarkeit. Es

ist nicht Einer, der, wenn er vom Kanal von Languedoc spricht, und den Zeitpunct dieses Wunderwerks der Kunst aufsucht, nicht sogleich den Nahmen Ludwig der Vierzehnte, nenne, der Nahme Riquet, tönt von keiner Lippe. Welche Verblendung! fast immer den Ruhm der Wohlthäter der Menschheit, in den Purpur der Monarchen ihrer Zeit einzuhüllen. Glaubt man jenem prächtigen Denkmale mehr Glanz zu geben, indem man den Nahmen eines Königs darauf prägt? O sprecht ohne Umschweife; es war ein Mensch der dieses Denkmal dachte und ausführte, und kein Königstitel wird seinen Ruhm erhöhen; nennt Riquet und nicht Ludwig den Vierzehnten; vergeßt nie, daß, wenn von einer grossen Wohlthat, der Menschheit erwiesen, die Rede ist, des Königs Nahme nur das Datum herleiht.

Ich werde gerechter seyn, als der grosse Haufe. O Riquet! nur deinen Nahmen biete ich der Ehrfurcht der Nachwelt dar. Folgt mir! werde ich zu meinen Zeitgenossen und Mitbürgern sprechen: folgt mir unter die Gewölbe von Malpas, an den reissenden Strom von Räpbuze, an die Schleussen von Beziers; dort bewundert Riquets Geist! folgt mir in die Magazine von Toulouse, Montauban und Bordeaux; dort fühlt Riquets Wohlthaten! folgt mir in den öffentlichen Schaz, berechnet den Zuwachs der Einkünfte des Vaterlandes; dort er-

kennt Riquets Verdienste. Und wenn ihr mich
dann fragt: welcher König lebte zu seiner Zeit?
so werde ich euch antworten: der, dessen Heere die
Pfalz verwüsteten. Dann werdet ihr den Mann
segnen, der aus Riquets Geschlecht entsproß, dessen Beredsamkeit der Freiheit Stütze ward, dessen
republicanischer Stolz dem Ehrgeiz der Könige
Grenzen setzen half; dann werdet ihr begreifen,
daß es Menschen auf der Welt giebt, deren Nahmen den Vorrang vor den Nahmen der Beherrscher behaupten.

Ich raube Ludwig dem Vierzehnten nichts, indem ich Riquet alles das wieder gebe, was ein lächerlicher Gebrauch ihm nach und nach entwendet
hatte. Der König beschäftigte sich damals mit Er-
richtung eines Denkmals, welches die Menschheit
segnen würde, wenn die Philosophie den Entwurf
desselben erleuchtet hätte. Ich will sogar glauben,
daß Ludwig, als er das Hospital der Invaliden
gründete, durch hochachtungswerthe Fühlbarkeit geleitet wurde. Brave Krieger belohnen; sie dem
Mangel entreissen, in welchen Unfähigkeit zu Dienst
und Arbeit sie bald stürzen würde; die letzten Tage
eines Lebens versüssen, dessen Jugendkraft dem
Dienst des Vaterlandes geweiht war; das mogte
der Wunsch Ludwigs des Vierzehnten seyn; der
Erfüllung dieser Absichten mangelte nur eine
weise Richtung, und das Institut der Invaliden

hätte den Wünschen Aller entsprochen. Aber Ludwig der Vierzehnte stellte selten Betrachtungen an, oder, um richtiger zu reden, bey allem was er that, sah er nur sich selbst.

In der That! seit wann war Sklaverey eine Belohnung? seit wann ist man für Mangel geschützt, wenn man eben nur so viel hat als nöthig ist, um nicht Hungers zu sterben? seit wann versüßt die Beraubung alles geistigen Genusses die Tage des Alters? und ist das nicht das traurigste Schiksal, zu welchem Ludwig die Vertheidiger des Vaterlandes verdammte, die mit ihren verstümmelten Gliedern unter jenem Dache hausen?

Welches ist das erste Gut des Menschen? Freiheit. Welches sind die Bedürfnisse seines Alters? Friede, Ruhe, zärtliche Sorgfalt, Liebkosungen der Seinigen, Anblick der Gegenden, in welchen er gebohren wurde. Die Waffen tragen, ist ein ehrenvolles Handwerk, doch von allen Ständen der sclavischste. Wer würde das eiserne Joch ertragen, welches den Untergeordneten Krieger drükt, wenn der Zauberstab der Ehre nicht Kraft und Muth belebte? und doch ist es jenes unerträgliche Joch, an welches Ludwig der Vierzehnte den Menschen dessen Opfer seiner Jugend, und seiner gesunden Gliedmassen er zu bezahlen gedenkt, bis an sein Grab anschmiedet. Es giebt keine traurigere, eingeschränktere, einförmigere Garnison, als jene glän-

zende Wohnungen der Hinfälligkeit. Streng be-
wachte Pflichten und Mannszucht, welche seinen
Körper damals erschöpften, als er doch noch den
Trost hatte, sich durch Genuß der Sinnen zu ent-
schädigen, verfolgen auch hier den alten abgelebten
Krieger, welcher kein anderes Gefühl mehr kennt,
als das Gefühl seines nahen Todes. Für ihn ist
alles aus! Jugend, Gesundheit, Vergnügen,
Täuschung, selbst die Ehre. Der Donner der Kanonen, dem er vormals auf den Schlachtfeldern trozte, entflammt seine Einbildungskraft nicht
mehr. Der Muth lebt, die Nacheiferung ist
Tod; seine Blicke heften sich an die Stelle, wo
einst sein Sarg stehen wird, in wenig Augenbli-
ken verschlingt ihn vielleicht dieser Sarg, und diese
wenigen Augenblicke bieten ihm keinen Lorbeer-
kranz mehr — nur Marter!

Es ist schwer, das alte Vorurtheil abzuschütteln,
welches dieses so sehr gerühmte Institut auf die
Rechnung einer wahrhaft königlichen Wohlthätigkeit sezt. Warum ist es schwer? weil der Gegenstand einen Schatten auf die Wahrheit wirft. Das
Invalidenhospital war das Werk eines grossen Königs, es wäre nie das Werk eines gefühlvollen
Weltweisen geworden. August würde es gebaut,
Marc Aurel es niedergerissen haben. Ludwig der
Vierzehnte glich den hübschen Weibern, im Frühling buhlerisch, im Herbste fromm. Ein Eroberer

ist hart, ein Frömmling ist es noch weit mehr.
Als Ludwig das Invaliden=Hospital gründete, war
er nicht von Mitleid hingerissen, er war nur König.

Was sieht man dort? was reizt die Neubegier
des Fremden? geht man hin, um die braven Ver=
theidiger einer Nation mit Ehrfurcht zu betrachten?
nein! die prächtigen Gebäude sind es, die majestä=
tische Basilica, die herrlichen Gemählde, der kost=
bare Marmor, das Gepränge der Grösse, welches
Ludwigs Genie den Künsten überall aufdrükte. Das
sahe er voraus, darauf war er eifersüchtig. Er
kannte die Menschen, er wußte, daß die Augen
die trügerischsten aller Sinne sind, und er wollte
blos mit der Einbildungskraft bestechen. Mit ei=
nem gefühlvollen Herzen würde er sich nicht von
unglüklichen Wesen haben umringen lassen, deren
Anblik ihm Gewissensbisse verursachen mußte; er
würde nicht die beweinenswürdigen Ueberreste so
vieler Millionen, seinen ehrgeizigen Kriegen geop=
ferter Menschen, neben seinen Thron gestellt; er
würde nicht unermeßliche Summen an dieses Ge=
bäude verschwendet haben, dessen stolze Pracht ge=
gen die Dürftigkeit seiner betagten Bewohner un=
geheuer absticht. Ein gefühlvolles Herz hätte durch
diese besser angewandten Summen ihren Sold ver=
doppelt. Weit entfernt, sie in Corps zu versam=
meln, sie durch das tägliche Schauspiel der Leiden
ihrer Kammeraden zu betrüben, sie zu zwingen

mitten unter ihres gleichen allein zu bleiben, in
einem Alter, wo das Herz erkaltet, und man keine
Freunde mehr wählt, keine mehr hat; würde er
sie in ihre Dörfer, unter ihre Strohhütten zurük-
geschikt haben, bereichert mit den Schätzen, welche
er erschöpfte, um ihnen ein prächtiges Grabmal
zu erbauen. Dort würden ihre ehemaligen Thaten,
ihre verstümmelten Glieder, und ihre ehrenvollen
Narben, noch dem Vaterlande Nutzen geschaft,
und einen heiligen Enthusiasmus in der ländlichen
Jugend erweckt haben. Mit einem Worte! dort
hätten sie alles gefunden, was das Alter beglükt:
süsse Rückerinnerung vormaliger Verbindungen und
Freuden, Ehrfurcht der Tugend, Hochachtung Aller
die sie umgeben, und endlich, das Bedürfnis des
geschwätzigen Alters, zu reden und angehört zu
werden. Die ächte Philosophie des Herzens ver-
schönert den Abend des Lebens, wenn sie das Mor-
genopfer desselben belohnen will. In Rom sperrte
man die Veteranen nicht ein, sie ehrten ihre Wiege
durch das Schauspiel ihres Ruhms. Aber die Belohnungen eines Monarchen und einer Republik
sind freilich nicht von demselben Geiste beseelt.

Indessen nahten sich Künste und Wissenschaften
mit grossen Schritten der Vollkommenheit. Das
Observatorium stieg empor, und die Mittagslinie
ward gezogen. Junge Mahler fanden Herberge
und Modelle in Rom, grosse Künstler Europens

Bewunderer in Paris, Weise aller Art Belohnungen
bey Colbert. In knechtischen und schön tönenden
Versen sang Boileau den Uebergang über den Rhein.
Druckereyen entstanden, um Griechen und Lateiner
wieder ins Leben zu rufen. Endlich fand auch zum
Erstenmale ein Dauphin von Frankreich einen seiner würdigen Lehrer.

Aber zu derselben Zeit mehrten sich auch die
heimlichen Künste des Despotismus, die Freiheit
jedes Einzelnen erlosch nach und nach, die Bastille
bevölkerte sich, Privatrache, Familienhaß und Vorurtheil, öfter noch Entwürfe zügelloser Lüderlich-
keit, spielten im Schoose der Gesellschaften die Scenen der Unterdrückung im Kleinen, welche das Ministerium im Grossen darstellte. Die willkührlichen Verhaftbefehle fanden, wie alle Waaren der Ungerechtigkeit, Käufer, deren Gold in der Folge diese ei-
genmächtigen Befehle so tief herabwürdigen sollte,
Befehle, die den Königen unbekannt, und dem
Volke schreklich waren; Befehle, deren Siegel auf-
hörte königlich zu seyn, durch die Hand welche es
aufzudrücken wagte.

Hieher gehört eine wenig bekannte Anekdote,
vielleicht auch kaum der Würde der Geschichte an-
gemessen, wenn die Geschichte nicht den Menschen
über alle die Misbräuche der Handhabung der Mi-
nisterialgewalt aufklären, und gegen die Rükkehr
der grossen und kleinen Gefahren dieser Gewalt
bewaffnen sollte.

Ein junger Mann von Stande (wie man sich damals ausdrükte) liebte die Tochter eines reichen Kaufmannes zu Nantes. Der unter kriegerischen Lorbeern grau gewordene Vater des jungen Menschen, hatte nur diesen einzigen Sohn, den Gegenstand seiner Zärtlichkeit, und konnte ihm nichts hinterlassen, als das Andenken seiner Verdienste, und eines ziemlich ansehnlichen Erbtheils, welches er im Felde verzehrt hatte. Der Gedanke an die Verbindung mit dem Hause eines Kaufmanns empörte den klugen Vater nicht; aber seine Schwägerinn, des Jünglings Mutterschwester, Frau eines unermeßlichen Vermögens welches sie ihrem Neffen bestimmte, von Adel, fromm, und alte Jungfer, sah nicht, wie man leicht denken kann, mit den Augen der Gleichheit aller Stände. Der bloße Gedanke an diese Heyrath schien ihr ein strafenswürdiges Vergehen. Sie war ein Beichtkind des Bischoffs von Chartres, und der Vorschlag, ein Mädchen, deren Vater unglüklicherweise Jansenist war, Nichte zu nennen, kam ihr so abscheulich vor, daß nur lange Marter sie aussöhnen konnten. Die Liebe hat ihre Aufwallungen; die des Jünglings waren heftig, und die fromme Tante erklärte dem Vater gerade zu, daß die Hoffnung sie einst zu beerben, mit der Einsperrung seines Sohnes verknüpft sey.

Der Vater, durch den Anstrich väterlichen Wohlmeinens

meynens irre geführt, läßt sich verleiten. Frau von
Maintenon regierte damals, die Bethschwester ließ
den Nahmen Jansenist in ihre Ohren tönen, uud
die Antwort war: ein Verhaftbefehl. Die Betschwester würkte ihn aus, (sie würde deren tausend
ohne Mühe ausgewürkt haben) und übergab ihn
den Händen zweyer Helfershelfer der Polizey. Der
Jüngling wird gefangen genommen, in Ketten geschlagen, und man nimmt mit ihm den Weg nach
den Margarethen Inseln.

Zu Valence in der Dauphine zwingt Ermüdung
die Reisenden anzuhalten. Man legt sich nieder,
die Sbirren entschlummern, der Jüngling wacht,
denn der Verfolgte schläft wenig. Er steht auf,
die Zeit ist kostbar, der Augenblik, in welchem er
sich ankleidet, kann ihm theuer zu stehen kommen,
er flieht halb nackend, läßt die Kammerthür offen,
stürzt die Treppe herunter — und ist frey.

In der nemlichen Nacht schläft ein reisender
junger Badergeselle in der benachbarten Kammer.
Er steht auf und geht, um einiger Bedürfnisse
willen herab in den Hof. Im finstern tappend
kehrt er zurük, die halb offene Thür betrügt ihn,
er geht hinein, und schlaftrunken legt er sich in
das Bett des Jünglings, der es so eben verließ.

Der Morgen bricht an, die Sbirren erwachen,
wie groß ist ihr Erstaunen beym Anblick eines un-
bekannten Gesichts. Aber ihr Gefangener ist ent-

flohen, sie verlieren ihren Posten, der Zufall bie=
tet ihnen Ersaß, natürlich nußen sie diesen Zufall.
Menschen ihres Handwerks sind nicht gemacht, um
gesunde Begriffe von Gerechtigkeit zu hegen. Man
erwekt den jungen Badergesellen, er glaubt zu
Träumen. Die Kleider, welche man ihm anbie=
tet, sind prächtiger als die seinigen, er findet den
Traum angenehm, und kleidet sich darein. Nach=
dem er seine Toilette vollendet hat, beehrt man ihn
mit einem rauhen Handgeschmeide, und nun er=
wacht er, und will schreyen. Verlohrene Mühe!
ein Schnupftuch verstopft ihm den Mund, man
trägt ihn in den Wagen, und aus Vorsicht hält
man sich nirgends weiter auf, bis zur Ankunft auf
dem traurigen Schlosse.

Der erste der Sbirren macht dem Gouverneur
seine Aufwartung, und zeigt ihm den Befehl vor:
„es ist der Marquis der und der, Sohn des und
„des Grafen. „

 „Ganz wohl. „

„Aber welch' ein Unglück, mein Herr! er hat
„ unterwegens den Verstand verlohren. Seine gröste
„ Narrheit ist, seinen Nahmen und Stand zu ver=
„ gessen, und zu glauben, er sey ein Badergeselle. „

 „Thut nichts, man wird Sorge für ihn tragen.
„ Hier ist eure Quittung. „

Der Unglükliche wird hereingeführt, man wirft
ihn in einen Kerker, man glaubt ihn verrükt, und

man vergißt ihn, alles das ist in der Ordnung.
Aber man vergißt nicht, pünktlich die starke Pension in Empfang zu nehmen, welche die Betschwester für ihren Neffen bestimmt hatte, auch das ist
in der Ordnung.

Bey ihrer Zurükkunft nach Paris statten die Sbirren, um sich ganz sicher zu stellen, dem Vater
von der vorgeblichen Narrheit seines Sohnes Be-
richt ab, und so sind denn die Tage eines unglüklichen Vaters vergiftet, ein Unschuldiger schmach-
tet in Ketten, die Sbirren werden gut bezahlt,
eine Betschwester ist befriedigt — wie viel Gutes!
durch einen einzigen Verhaftbefehl bewürkt.

Unterdessen läuft der junge Flüchtling zu dem
Kommandanten von Valence der ihn kennt, erzählt
ihm sein Abentheuer, wird von ihm bedauert, erhält Kleider und Geld, und da er nicht eher wieder seinem Vater unter die Augen treten will, biß
er eine That gethan, die würdig sey, Vater und
Sohn auszusöhnen, so reißt er zur Armee, welche
damals in Italien stand, begiebt sich unter ein.
Regiment, zeichnet sich aus, wird Officier, giebt
sich einige Jahre nachher dem Marschall von Villeroi zu erkennen, öffnet ihm sein Herz, flößt ihm
Interesse für sich ein, erhält das Versprechen ihm
die Liebe seines Vaters wieder gewinnen zu helfen,
und folgt ihm nach Paris.

Der Morgen nach ihrer Ankunft ist vom Mar-

5 .

ſchall beſtimmt, ihn zu ſeinem Vater zu führen.
Unterdeſſen geht der Jüngling den Abend vorher
mit einigen ſeiner Kammeraden zum Abendeſſen.
Da er um Mitternacht ganz allein wieder nach der
Wohnung des Marſchalls zurük will, ſtößt er auf dem
Kreuzweg Buſſy auf einen Menſchen, welcher von
einigen Räubern angefallen worden. Er zieht den
Degen, ſtürzt auf die Mörder zu, zerſtreut ſie,
und entbietet ſich, den, welchen er befreyte, nach
Hauſe zu geleiten. Der Vorſchlag wird angenom‐
men, theils aus Erkenntlichkeit, theils aus Neu‐
begier. Die Nacht iſt dunkel. Sie langen vor der
Thür eines Hauſes an, welches dem jungen Men‐
ſchen bekannt ſcheint. Man bittet ihn herein zu
treten, er war ſchon zu weit gegangen, um es
ausſchlagen zu können. Man geht hinein, es wer‐
den Lichter gebracht — wen erblikt er? ſeinen Va‐
ter! ja ſein Vater iſt es, dem er das Leben gerettet.
Welch' ein Augenblik für beyde! welch' eine rüh‐
rende Aufklärung! aber doch war jedes Wort ein
Räthſel. Die Nacht verfließt endlich, in ſolchen
Fällen werden die Stunden zu Minuten. Die Bet‐
ſchweſter wird benachrichtigt, ſie eilt herbey, auſ‐
ſer ſich vor Zorn, über die Frechheit ihres Neffen,
der lieber dem Vaterlande dienen, als im Gefäng‐
niſſe ſchmachten wollte, und der ſich ſogar herausnahm,
lieber ſeinem Vater das Leben zu retten, als einem
willkührlichen Verhaftbefehl zu gehorchen. Der Mar‐

schall von Villeroi erscheint, und entdeckt alles,
was die Bescheidenheit des Jünglings bis dahin
verschwiegen hatte. Der entzükte Vater drükt ihn
an sein Herz, und die Betschwester knirscht.

Aber wer ist denn der gefällige Gefangene, der
so gütig ist, auf der Margarethen Insel unterdessen seine Person vorzustellen? man ruft die Sbirren,
sie wollen leugnen, fünf Jahre waren verflossen,
man droht ihnen, sie gestehen alles. Man erlößt
endlich den unglüklichen Badergesellen aus seiner Gruft,
halb tod und gequetscht von den vielen Streichen
welche man ihm zugezählt hatte, um ihn von seiner vorgeblichen Narrheit zu heilen. Was geschah
denn nun? Die Geschichte lieferte zwey Tage lang
den Stoff der Unterhaltung von Paris. Die Betschwester versagte dem unschuldig Leidenden jeden
Ersatz, aber der Jüngling nahm es über sich. Die
Sbirren kamen mit der blossen Furcht davon. Die
grausame Behandlung des Gefangenen durch den
Gouverneur blieb ungestraft. Man lachte über das
Abentheuer, und die willkührlichen Verhaftbefehle
wimmelten wie vorher.

Die Begebenheiten dieser Regierung, welche sich
häufen, und wie die Gewässer eines reissenden Stro-
mes einher schiessen, führen den Leser nun zu dem
Zeitpunct jenes unseligen Krieges, jenes ewigen
Denkmals des unersättlichen Stolzes Ludwigs des
Vierzehnten, ich meyne die Eroberung von Holland.

Bey dem Tode Philipp des Vierten hatte dieses Unternehmen wenigstens einen Vorwand, jezt aber keinen. Ludwig der Vierzehnte fieng den Krieg an als ein Seeräuber, und der Prinz von Oranien endigte ihn als ein Straßenräuber. Die Schlacht von St. Denis ist ein Verbrechen der beleidigten Menschheit, das von keiner Krone bedekt wird.

Hier ist man gezwungen, eine für Ludwig den Vierzehnten sehr demüthigende Bemerkung zu machen. Er war liebenswürdig, der Himmel hatte ihm alles verliehen, was Gefallen erregt, Schönheit, Geist, Beurtheilungskraft, Güte, Umgänglichkeit sogar, wenn er dann und wann vergaß, daß er König war; und mit alle dem brachte es Ludwig dahin, daß ganz Europa unter seiner Regierung, unter seinen Augen, ihm den finstersten, wildesten, tyrannischsten Menschen vorzog, der vielleicht jemals lebte; diesen Wilhelm von Nassau, dem die Natur alles versagt hatte, Alles! sogar die Neigung zur Grösse. Und warum zog man ihn doch vor? weil Ludwig der Vierzehnte als Unterdrücker der Menschen, und Wilhelm als ihr Rächer erschien. So wahrhaft ist die unwillkührliche Anhänglichkeit der Sterblichen an die Freiheit, daß sie sich immer noch lieber dem zwar verhaßten, aber rächenden, als dem liebenswürdigen, aber unterdrückenden Tyrannen in die Arme werfen.

Dieser Wilhelm, dessen Niederlagen man als

Siege besungen hat, war entsprossen aus einem
Hause, welches zu gleicher Zeit zum Schrecken der
Tyranney der Könige, und der Freiheit der Völker
bestimmt war. Wilhelm zeigte sich seiner Geburt
werth; er wurde der politische Unterdrücker von
Holland und England, er wurde der nagende Wurm,
welchen die Vorsehung an Ludwigs despotische Lor=
beern sezte. Der Haß trennte ihre Herzen, wie das
Glük ihre Thaten. Ludwig der Vierzehnte, mit
der ganzen Härte des übermüthigen Glückes, wurde
nicht müde ihn zu überwinden; Wilhelm, mit der
ganzen Starrsinnigkeit des muthigen Unglüks, wurde
nicht müde ihn zu verfolgen.

Die Lage von Holland reizte die Habsucht Lud=
wigs. Beyde Meere, die Pyrenäen und die Alpen
machen die Grenzen von Holland. Frankreich schien
auf den Lauf des Rheinstroms Anspruch zu machen,
um seinen weiten Gürtel auszufüllen. Eine zufäl=
lige Einrichtung der Natur dünkte Ludwig dem
Vierzehnten ein Recht, die Gesetze der Natur an=
zutasten. Selbst Hollands Freiheit war seiner Ei=
genliebe lästig. Die Nachbarschaft eines freien
Landes ist eine Beleidigung für die Könige; und
der Gedanke, den Niederländer zu demüthigen,
dessen Aufstand einst Philipp den zweyten gede=
müthigt hatte, schmeichelte seiner Eitelkeit.

Er reiste ab, und die Verheerung mit ihm. Von
1672 bis 1678, dekte auf seinen Ruf der Sieg

5 . . .

mit blutigen Schwingen, jene glüklichen Gefilde,
welche die Schelde von der Mündung des Texels
trennen. Das verzehrende Feuer des Krieges dörrte
die blühenden Ufer des Rheins und des Nekars
aus. Blut der Kämpfenden färbte die friedlichen
Wellen des Douj, spanische Waffen deckten den
Sand des Roussillon, indessen du Quene und Vi-
vonne zur See, Ruiter und sein Glück in den
Wellen begruben.

Wie viele traurig berühmte Nahmen begegnen
sich hier in den Jahrbüchern Europens. Nur ihr,
unglükliche Soldaten! grösser als alle jene Männer,
weil ihr euch doch wenigstens ohne Ehrsucht her-
umschlugt, ihr seyd vergessen! man zählt eure Gräber,
aber nicht eure Thaten. Freunde! tröstet euch über
diese Dunkelheit. Der Titel Krieger welchen der
Sieg in seine Trompete stößt, wird durch die Menschlichkeit von der Liste der Menschen weggestrichen.

Von einer Seite Turenne, Conde, Luxemburg,
Orleans, Crequi, Schomberg; von der andern jener brave und unglükliche Karl der Fünfte von
Lothringen, jener Fürst ohne Land, aber auch ohne Fehler; der einzige Mensch vielleicht, der werth
war, Vater des guten, vortreflichen Leopolds zu werden; jener alte Caprara, der seine Jahre nach Feld-
zügen zählte, Erbe von Piccolominis seines Oheims
Ruhm; jener berühmte Montecuculi, dem eine un-

glükliche Kugel bey Salzbach die Ehre raubte, sich mit einem würdigen Nebenbuhler zu messen.

Inzwischen herrscht doch in diesem ganzen Kriege, in der Art wie er angefangen, fortgesezt und besungen wurde, eine unglaubliche Kleinlichkeit. Lächerlichkeit überall, Meuchelmörder überall, Prahlhänse überall. Ludwig der Vierzehnte steht an der Spitze des furchtbarsten Heeres, um Bürger zu überwinden, die an keine Vertheidigung denken; er schleppt eine schrekliche Artillerie mit sich, um Städte ohne Mauren zu bezwingen; er häuft gewaltige Schätze, um Commendanten von Festungen zu bestechen, in welchen keine Garnison lag.

Und doch zitterte er noch, troz seiner grossen Macht, und obgleich der niederträchtige Louvois alle Waffen der Holländer unter der Hand aufgekauft hatte, um sie mit mehrerer Bequemlichkeit morden zu können. Ludwig der Vierzehnte glaubte seine Eroberung nur dann erst gesichert, nachdem er sich mit England, und zwey kleinen deutschen Bischöffen verbunden hatte. Eine zu Amsterdam geschlagene Schaumünze, und ein albernes Gemählde des unbedeutenden Bruders einer holländischen Magistratsperson, das sind die schweren Verbrechen welche zwey der mächtigsten Reiche Europens gegen den kleinsten Staat Europens bewaffneten. Die armen Holländer! sie kommen zitternd und fragen:

was sie gethan haben? welchen Ersaz man begehre?
Ey ihr guten Leute! ihr seyd frei, ihr seyd reich;
sehet da eure Verbrechen; Ludwig der Vierzehnte
ist stolz, Louvois übermüthig, sehet da ihre Rechte.

Die liebenswürdigste und tugendhafteste der Frauen
trug fast allein die Strafe dieses ungerechten Krieges; ich rede von Henrietten von England, die
durch ihre sanften Leidenschaften, und ihren gewalt-
samen Tod bewieß, daß Blut der Stuarte in ihren Adern floß. Sie hatte Hollands Verderben zwischen ihrem Bruder und ihrem Schwager verhan-
delt, die geheimnisvollen Schritte dieser verführe-
rischen Gesandtinn, waren der politischen Neubegier der übrigen Höfe entschlüpft, denn Ludwig der
Vierzehnte hüllte sie in eine Wolke von Gold und
Purpur, indem er Henrietten bis Calais begleitete.
Pracht, Schwelgerey und Ueppigkeit machen jene
berühmte Reise merkwürdig, durch Freudenfeste bereitete sich Ludwig vor, die Welt in Trauer zu ver-
setzen. Henriette kehrt nach Frankreich zurük, und
bringt den Tractat, aber unglüklicherweise auch ihre
Reize wieder mit, jene wahrhaft unsterblichen Reize,
weil der Geist sie nie veralten, und die Tugend sie
nie welken ließ. Wie? hatten eben diese Reize
vielleicht zu stark auf Ludwig gewürkt? Hatte die
schwärzeste Eifersucht sich Philipps von Orleans,
oder die höfischste Bosheit sich des Chevalier de Lor-
raine bemächtigt? Diese drei Fragen sind noch im-

mer drei Räthsel in der Geschichte; aber eine grau=
same Wahrheit ist es, daß Henriette in wenig Stun=
den den schmerzhaftesten Tod starb. In ihren letz=
ten Augenblicken vergaß alles was sie umgab die
Königstochter, die Königsschwester, um nur das
vortreflichste Weib zu beweinen. Man jammerte
nicht über die Schönheit, welche der Tod vernichtete
nicht über den Rang welchen er mit Füssen trat —
es ist billig daß der Tod öfter dergleichen Lehren
gebe — nicht die Fürstin war es, die man mit Thrä=
nen von ihm zurükfoderte, nur Henrietten!

Endlich ward der Krieg, oder um richtiger zu
reden, die Reise nach Holland unternommen; ein
Unternehmen, das keine andere Würklichkeit uns dar=
bietet, als die Pracht eines Darius, und die Narr=
heit eines Alexanders. Jener Uebergang über den
Rhein, welcher, wie man sich ausdrükte, den Ue=
bergang über den Granicus weit übertraf, jener
unvertilgbare Schandflek der Gedichte Boileaus, ist
von allen Lügen, die der Ruhm jemals in seine
Trompete stieß, die albernste und unverschämteste.
Welche grosse Gefahren waren denn zu überwinden?
welchen schreklichen Zufällen sezte man sich denn
aus? ein fast ausgetrokneter Fluß, den hundert
tausend Mann zu Fuße durchwaden, und gegen=
über zwei schlechte Regimenter, ohne Kanonen,
ohne Waffen, vielleicht auch ohne Muth, um sie
daran zu hindern; das ist es alles! wie leicht es

doch ist, die Welt von seinem Ruhm wiedertönen zu laſſen, wenn man von Schmeichlern umringt wird.

Wenn in einem Kriege ſich Niemand widerſezt, ſo kann man auch keine Fehler machen, wohl aber zuweilen Grauſamkeiten begehn, wenn die Groſſen nicht menſchlich genug denken, um mäſſig und nüch= tern zu bleiben. Der Uebergang über den Rhein war vollendet, der unglükſelige kleine Haufe der Holländer, der am gegenſeitigen Ufer ſtand, legte die Waffen nieder, und bat um Schonung des Lebens. Der halbbetrunkene Herzog von Longue= ville antwortet ihnen durch einen Piſtolenſchuß. Der Himmel war gerecht; er nahm die Rache ei= nes Meuchelmords auf ſich, den kein Henkerſchwerdt gerächt haben würde. Die Holländer griffen wie= der zu den Waffen, ſchoſſen, und Longueville fiel. Sie mußten darauf beynahe alle über die Klinge ſpringen, und ſo koſtete die thieriſche Zügelloſigkeit e i n e s Groſſen, einigen hundert Unglüklichen das Leben.

Man bringt bis zu den Thoren von Amſterdam vor. Bis dahin hatte Ludwig der Vierzehnte nur Flüchtlinge überwunden, jezt ſtößt er auf zwei Männer, und er, und ſeine hunderttauſende fliehen.

Hier bietet ſich jedem freien Volke eine groſſe Leh= re dar: die Holländer ermorden aus Liebe zur Frei= heit, den einzigen Vertheidiger dieſer Freiheit, den

Groß-Pensionnair de With. Ludwig der Vierzehnte
war vor den Thoren von Amsterdam, aber Ludwig
war nicht Hollands größter Feind. Johann de
With besaß den seinem Vaterlande eigenen repub-
licanischen Geist; nemlich: den Haß für Oberherrschaft und die Liebe zum Frieden. Er hatte Alles
gewagt, um das Statthalteramt zu unterdrücken,
Nassaus Jugend begünstigte seine Unternehmungen;
er hatte Alles versucht, um zum Frieden zu überreden, Ludwigs erhaltene Vortheile zeigten die
Nothwendigkeit dieses Friedens. Wer zweifelt, daß
es für Holland wichtiger war, die Abschaffung des
Statthalteramts durch einen drückenden Frieden
mit Frankreich zu erkaufen, als durch die Unter-
werfung unter dieses gehässige Amt Frankreichs Heere
von sich abzuhalten? Man schlug unter allen mög-
lichen Wegen gerade den schlimmsten ein. Wenn
die Völker für ihre Freiheit zittern, so kehren sie
oft dem ächten Republikaner den Rücken, um sich
dem Ehrgeizigen in die Arme zu werfen. Woher
kömmt das? weil dieser unter schmeichelnden Bil-
dern ihnen Hülfsquellen zeigt, die sie nicht haben,
und weil jener unter harten Wahrheiten die Hülfsquellen versteckt, die ihnen noch übrig bleiben. So
unerträglich auch die Friedensbedingungen Ludwig
des Vierzehnten seyn mochten, so würde der Friede doch die Freiheit gerettet haben. De With
rieth zum Frieden und wurde umgebracht. Der

Krieg erſtikte die Freiheit, weil man im Kriege einen Statthalter brauchte, und Wilhelm von Naſſau erhielt dieſe Stelle. Auch hat ſeit jenem Fehltritt Holland immer nur einer zerſtückelten Freiheit genoſſen. Freie Völker! unter welcher Zone ihr auch wohnen möcht; wollt ihr im gleichen Falle eure bedrohte Freiheit retten, ſo befolgt immer den Rath des Menſchen, der eurem Enthuſiasmus am wenigſten ſchmeichelt.

Wenn man dieſen unter den Mauern von Amſterdam entworfenen, und wieder gebrochenen Frieden näher betrachtet, ſo weiß man nicht worüber man am meiſten unwillig ſeyn ſoll, über Louvois frechen Uebermuth? oder Ludwigs trunkenen Taumel des Glücks? die Abgeordneten erſcheinen, werden lange herumgeführt, lange zurükgewieſen. Louvois wagt es ſie zu beſchimpfen, indem er nach langem warten ſie mit niederträchtigen Spöttereyen empfängt, nnd ſie unter der Bürde beleidigender Kränkungen bis zum Throne des Eroberers hinkriechen läßt. Dort fodert man von ihnen zwanzig Millionen, und die Uebergabe des größten Theils ihrer feſten Plätze, man will, ſie ſollen ihren Glauben abſchwören, und mit ihren gefeſſelten Händen das Bild ihres Unterdrückers, als das Wiederherſtellers ihrer Freiheit in Metall graben. Nur der Muth der Verzweiflung konnte ihre einzige Antwort ſeyn, und ſie war es. Wilhelm iſt der Schutzen=

gel dem alle Blicke zuflogen, man ernennt ihn zum
General der Republik, die Dämme werden zerbro-
chen, die Wellen des Oceans wälzen sich der beleidigten Menschheit zu Hülfe, und zum zweytenmale
rächt das Meer den Niederländer an dem Uebermuth
der Könige.

Fliehen mußte man nun, weil man weder zu
überwinden, noch Frieden zu machen verstand,
und bald hatte Ludwig der Vierzehnte alle seine
Nachbarn zu Feinden; denn unter die Zahl der Feinde
darf man auch die Völker setzen, welche besoldet
werden um nicht zu fechten. Solche waren die
Engländer und die Schweizer. Carl des Zweiten
Verschwendungen verschaften Frankreich, mittelst
seines Goldes, die Neutralität von England, und
der Geiz der Schweizer hielt die der Franche Com-
te nöthige Hülfe zurük. Vier Armeen zu unterhalten, Völker zu erkaufen, lügenhafte Denkmäler
zu erbauen, und die Gunstbezeugungen der Montespan zu bezahlen; sehet wie viel der von Gott
gegebene seinen Unterthanen kostete, während Leich-
name die Felder von Senef dekten, während die
Mauern von Besanson zusammenstürzten, während
die Pfalz, Elsaß und Lothringen ein Raub der Flammen waren.

Denn so bezeichnete Turenne sich seinen Platz unter den Grabmälern der Könige, so gieng er den
Weg dahin zwischen Brandstätten, welche seine

kriegerische Unempfindlichkeit ohne Zweifel nothwen=
dig und nützlich glaubte. Man hat Turenne als
den größten Feldherrn seiner Zeit gerühmt, man
hätte die Güte seines Herzens rühmen sollen, um
derenwillen man ihm seinen Ruhm verzieh. Er war
ein Held! Louvois haßte ihn, und die Völker wein=
ten um ihn. Das ist der Lobspruch und die Grab=
schrift, welche man auf sein Grabmal setzen sollte.

Unter dem Marmor von St. Denis mischt sich
seine Asche mit den Knochen der Könige, und ge=
winnt dadurch eine unnütze Hoheit. Jahrhunderte
werden in düsterer Stille hinwallen, über jene präch=
tige Siegeszeigen welche einer Hand voll Staub zur
Decke dienen, Jahrhunderte werden über jenen stol=
zen Urnen in Ringen sich aneinander schmiegen,
und die Menschheit wird nichts dabey gewinnen.
Ein einfacher Rasen deckt Rousseaus Ueberreste, aber
aus diesem öden Grabmal stieg der Genius der Frei=
heit hervor. Die Pappeln von Ermenonville haben
die Lorbeere Ludwigs des vierzehnten vertrocknet, und
die Trauer um Franklin hat sich ausgebreitet bis
auf jene Gefilde, welche einst Turenne verheerte.
Jene Weltweise haben gelebt, um an ihrem Sarge
zu lernen, wie man zu Menschen reden muß; und
wenn einst die Zeit St. Denis mit all seiner Pracht
verschlungen hat, so wird noch die Menschheit, von
Glück und Ruhe geleitet, zu Rousseaus Grabmal
wallfahrten.

Ludwigs

Ludwigs Feinde mehrten sich; nicht blos auf
Schlachtfeldern fand er deren, das Schicksal erweckte
ihm auch Feinde seiner Meinungen. Der stolze
Odescalchi bestieg den Thron des heiligen Peters,
und bereitete Ludwigs Geiste die Bitterkeiten des
Widerspruchs. Die grossen Männer des neuern
Italiens scheinen von den alten Römern nur die
Neigung zum Herrschen geerbt zu haben. Ein Priester, der auf dem Kapitol thront, glaubt, das Scepter der Welt hänge noch an seinen Mauern, und
ohne zu bedenken, daß Catos Schatten um ihn
schwebt, huldigt er dem Despotismus, wo nicht
durch die Vergessenheit aller Tugenden, doch durch
die verbrecherische Beyhülfe der Politik. Man
wundert sich oft, daß die christliche Religion, so
wie sie sich von ihrer Wiege entfernte, durch die
Päbste herabgewürdigt worden ist; das kömmt daher, weil die Päbste von Jahrhundert zu Jahrhundert sich mehr vom Geist des alten Roms entfernt haben. Die Moral des Evangeliums, in das
Herz eines edlen Römers gepflanzt, würde ihn zum
ersten Sterblichen erheben, und der Einfluß der römischen Grösse, ist der himmlischen Grösse, welche
man in den Pauls, Augustins u. s. w. erkennt,
nicht gleichgültig. Wenn Ehrgeiz, Stolz. Verschlagenheit, Politik und Fanatismus, nach und
nach dem Vatican sich immer tiefer eingraben, so
geschieht das, weil zu gleicher Zeit stufenweise die

Bilder eines Cicero und Thraseas verschwinden. Die
Römer glitten von dem Gipfel ihres alten Glanzes
herab, weil ihre Tugenden in Laster ausarteten,
weil sie durch zwanzig Nationen gedemüthigt wurden, deren Barbarey die Fesseln, welche ihre Ueberwinder der ganzen Welt angelegt hatten, mit
grossem Geräusch zersprengte. Der Character aller
schwachen Völker, die tiefe Verstellungskunst, be-
mächtigte sich nach und nach die ser Römer, von
jenem königlichen Volke ist nichts mehr übrig. Das
Schwerdt hat den grösten Theil desselben hinwegge-
rafft, den übrig bleibenden hat der Wachsthum der
manigfaltigen Geschlechter verschlungen, und im
Grunde sind die heutigen Italiäner ein ganz neues
Volk, entsprungen aus einer Mischung europäischen,
asiatischen und afrikanischen Bluts, und diese Mischung,
welche Stufenweise ihren Grundcharacter verwischte,
gab ihnen diese Verschlagenheit, Zweizüngigkeit,
Mißtrauen, Eifersucht und Rachgierde, wodurch sie
sich heutzutage auszeichnen.

Man werfe einen Blick auf die ganze Welt, so wird
man finden, daß sowohl die grossen Völker = Revolutionen, als die erstaunenswürdigen Glückserhebun-
gen einzelner Menschen, immer von Leidenschaften der
Seele bewürkt wurden. Großmuth, Ruhmgier, Vaterlandsliebe, öfter noch glänzende Verbrechen, zogen von
jeher Nationen und Helden aus dem Staube hervor.
Im heutigen Italien im Gegentheil entspringt jede

Veränderung nur aus einer schlauen Berechnung
des Verstandes, oder aus einem im Finstern krie-
chenden Verbrechen. Dort ist der Boden der Verschwörungen. Verschlagenheit und Arglist sind die
Grundzüge aller Regierungsformen jenseits der Ge-
birge. Der Schlauheit verdankten die Mediceer den
Scepter von Toscana. Venedig ist im Grossen,
was jeder Italiäner im Kleinen ist. Die Regierung
von St. Marc liebt ihre Republik wie ein Nea-
politaner seine Schöne; er umringt sie mit Argus-
augen, mit Spionen, mit Ausspähern und Ange-
bern, und entfernt durch Dolchstiche den, der es
wagte, ihr zu tief ins Auge zu blicken.

Dieser Hang zur Politik wird für den päbstlichen
Sitz mehr Bedürfniß als irgendwo. Die Beharrlichkeit des heiligen Stuhls setzt nicht in Verwunde-
rung; Gott konnte uns nicht betrügen; aber er-
staunenswürdig ist die lange Dauer eines Reichs,
welches sich bios auf Herrschaft über die Meinungen gründet. Die Päbste haben die Kunst verstanden
den Gottesdienst zum Mittelpunct aller menschlichen
Leidenschaften zu machen. In sieben bis achthun-
dert Jahren lebte nicht einer, der nicht durch einen
Ring mehr das Zeitliche an das Geistliche gekettet
hätte. Das konnte aber nur durch ein unglaubliches
Fortschreiten der Politik bewürkt werden, das kann
auch nur durch Beharrlichkeit in eben dieser Politik
fortdauern, und das ist die Ursache, warum man

immer mehr Italiäner als Fremde auf dem römischen Stuhle sehen wird. Das heilige Collegium
fühlt das sehr wohl; es wären vielleicht nicht mehr
als fünf oder sechs französische Päbste hintereinan-
der nöthig, um das Reich der Schlüssel wieder in
seine eigentliche Bestandtheile aufzulösen.

Odescalchi war fein genug zu merken, daß:
Ludwig den Vierzehnten reizen, das einzige Mittel
sey, die dreyfache Krone vor seinem Uebergewicht
zu bewahren. Ihm gehorchen, hieß ihm eben so
viele Diener unterwerfen, als Frankreich Priester
zählte; aber sich ihm widersetzen, hieß ihm eben
so viele Feinde erwecken, als Priester im Reiche
durch die Gewalt der Glaubensmeinungen an den
römischen Stuhl gefesselt waren. Noch nie hat
ein Hof den Grundsatz besser verstanden: theile und
spalte wenn du regieren willst. Noch nie war ein
Hof so erfahren in der Kunst den Leidenschaften gewisser Menschen zu schmeicheln, um sich Stützen zu
verschaffen; und ich würde mich gar nicht wundern,
wenn einst vielleicht die Päbste sich stellten, als
nähmen sie die Philosophie in Schutz, um diejenigen wieder zu gewinnen, welche die Philosophie
ihnen entrissen hat.

Das Recht des Regale war die Armee, mit
welcher Innocenz der Eilfte Ludwig den Vierzehnten
bekämpfte. Nichts ist lächerlicher als diese Art sich
herum zu schlagen. Die Bischöffe sprechen von einer Seite den Bannfluch aus, und die Päbste von

der andern, und da beyde das Recht zu haben vor-
geben, so weiß man nicht, welches der eigentliche
kräftige Bannfluch ist. Das Parlament giebt Arrets, der Pabst läßt sie durch die Inquisition ver-
brennen. Mitten in dieser Verwirrung läßt man
ein Wort von einem Patriarchen fallen. Man glaubt,
Innocenz der Eilfte werde zittern. Auch schlägt
man vor, die Annaten nicht mehr nach Rom zu
schicken; die versammelte Geistlichkeit macht vier
Sätze kund, welche die Unfehlbarkeit des Stellver-
treters Jesu Christi vernichten; man hält ihn für
verlohren. Arme Sterbliche! gegen jenen arglistigen
Menschen werdet ihr immer den Kürzeren ziehen.
Man hält ihn für verlohren, er liebkoset die Jansenisten, und plötzlich erscheint er mächtiger als seine
Widersacher. Seine Nachfolger werden, so wie
ihr Nutzen es erheischt, bald der, bald jener Parthey schmeicheln, bis einst die der Kinderruthe ent-
wachsenen Völker, Männer an ihre Spitze stellen,
welche alle jene kleinlichen Kunstgriffe übersehen
können, oder, noch besser, welche drüber lachen.

Wenn Ludwig der Vierzehnte zu beklagen ist, daß
er in theologischen Streitigkeiten, die er nicht verstand, Parthey ergriff; so ist er hingegen zu verab-
scheuen, weil er ganz Europa in Flammen setzte,
weil er die Werkzeuge des Mordes vervielfältigte,
indem er das Bayonnet einführte, und endlich, weil
er die Städte mit furchtbaren Festungswerken umgab. Auch wirft man ihm mit Recht vor, daß er

6 ..

die Früchte des Schweisses seiner Unterthanen, zur ewigen Schande der Weltherrscher, in jene Menge unnützer Paläste vergrub, deren dicke Mauern ihn zwar von den Herzen seiner Unterthanen trennen, aber nicht ihn vor dem Urtheil der Menschen verstecken konnten. Durch die Abschaffung der Aemter eines Connetable und eines Colonel general der Infanterie, bewieß er, wie unleidlich ihm selbst die Tyranney war, sobald sie ihn betraf, und sein Despotismus gegen Andere ward dadurch um so verhaßter. Durch die Einführung des Luxus in Frankreich, durch die Thorheit, alle Zweige des Handels zu begünstigen, die auf Pracht und Glanz abzweckten, als da sind: die indische Compagnie, die Tapeten der Gobelins, die Spiegelfabriken, die Wagen u. s. w. öffnete er der Verderbtheit der Sitten Thür und Thor. Aber segnen thut ihn die Menschheit, wenn sie sieht, wie streng er den Zweykampf verfolgt, der sich mit dem Namen Ehre schmückt, und nur auf Stolz und Hochmuth gegründet ist; ein Ungeheuer, dessen Verbannungsurtheil um so kräftiger seyn muste, da der stolzeste und hochmüthigste Monarch der Welt es aussprach.

Es ist leicht die Menschen zu gängeln, und ihre Tugenden zu ersticken; aber es ist schwer ihre Laster zu bezähmen, wenn sie von Vorurtheilen vertheidigt werden. Der Zweykampf lebt noch, und wird noch lange leben. Unter den Franzosen wütet dieses Ungeheuer am geschäftigsten, nur unter den ver-

einigten Streichen der Philosophie und Freiheit
wird es fallen; mit den alten Gesetzen ward es gebohren, aber es starb nicht mit ihnen.

Wer sollte es glauben! in unserm aufgeklärten
Jahrhundert, wo wir frölich die Stuffen zählen,
die uns von schimpflichen Vorurtheilen entfernen,
in welchen die Zeitalter der Unwissenheit sich wälzten,
hat nur allein der Zweykampf uns der Barbarey wie-
derum einen Schritt näher gebracht. Ihn betreffend
war selbst die empfindliche und ungebildete Reizbarkeit
unserer Voreltern aufgeklärter als die unsrige. Zu
allen Zeiten war der Zweykampf ein Verbrechen,
weil nichts die Gesetze der Natur antasten darf;
aber wenigstens war dieses Verbrechen bey unsern
Urvätern durch eine Art von Weihung geheiligt,
und erhielt in den Augen derjenigen, die nicht ge-
wohnt sind, die Begriffe von Vernunft und Gewalt gehörig zu unterscheiden, die ganze Gründlich-
keit des Rechts. Man mußte sich auf das Gesetz
berufen, nur dieses allein konnte den Kampf zuge-
stehen. Es war doch möglich, daß der Schimpf,
mit welchem dieses Gesetz den Ueberwundenen Re-
tius brandmarkte, den Bösewicht abschreckte, der
eine ungerechte Foderung, oder eine grundlose Beleidigung vorzuschützen im Begriff stand. Die Bewil-
ligung des Monarchen war den Kämpfenden nothwendig, und seine Gegenwart veredelte ihre blinde
Muth. Sie hatten, dem Anschein nach, nicht einmal
den Zorn des Himmels zu fürchten, da auch die Diener

der Altäre sich dem allgemeinen Gesetz unterwarfen. Nun vergleiche man, in Rücksicht des Zweykampfs, uns mit unsern Vätern: „ ein Zaum den Entwürfen des Bösewichts, Gehorsam den Gesetzen, Ehrfurcht dem Monarchen, schuldlose Ruhe bey dem Gedanken an Gott," so dachten jene, und was kann man von dem aufgeklärtesten Volke mehr fodern? Aber wir — wir haben von der Philosophie gelernt, daß der Zweykampf ein Ungeheuer in der Natur ist, eine Wahrheit welche unsere Väter nicht einmal träumten; die Gesetze haben ihn verbannt, und wir trotzen den Gesetzen; der Monarch schwört ihn zu bestrafen, und wir lachen seines Schwurs. Ueberwunden zu werden ist nicht allein nicht schimpflich, sondern die öffentliche Hochachtung geht sogar zu gleichen Theilen zwischen Sieger und Besiegten. Der Beleidiger und der Beleidigte, so bald sie sich nur geschlagen haben, haben in gleichem Grade die günstige Meinung der Welt für sich. Auf Seiten der aufgeklärten Enkel stehen also: Verspottung des Gesetzes, Geringschätzung des Fürsten, Verwirrung der Begriffe von Recht und Unrecht; und das ist ja ungefähr das Bild, welches wir uns von den unwissendsten und barbarischsten Völkerschaften entwerfen.

Wenn ein Vorurtheil unglücklicherweise Gesetz und Natur widersteht, welche letztere noch lauter spricht als das erstere, so bleibt vielleicht kein anderes Mittel übrig, als ein neues Vorurtheil gegen das alte

zu bewaffnen. Nirgends empört der Mißbrauch des
Zweykampfs stärker als im Soldatenstande, weil
ein Vorurtheil immer den meisten Unwillen erweckt,
wenn es Verdienste verdunckelt. Der Augenblick ist
da, in welchem wir anfangen müssen, es auszurotten. Man präge es tief in das Herz der jungen
Krieger, daß sie nur der Nation, dem Könige und
dem Gesetz angehören, daß, sobald sie in den Dienst
des Vaterlandes treten, sie nicht mehr über ihren
Arm und ihr Leben gebieten können; daß die Ehre
ihrer Kammeraden ein heiliges, ihnen anvertrau-
tes Gut ist, welches sie nur durch reine Sitten
und Bezeugung ihrer Achtung unbefleckt erhalten
können; daß die Lorbeern des Ruhms nur auf dem
Schlachtfelde blühen, und daß zu aller Zeit der ehrenvolle kriegerische Ruf nach Schlachten, und nie
nach Zweykämpfen bestimmt wurde. Sind die Jünglinge von diesen Grundsätzen durchdrungen, welche
sie schon in ihrer ersten Erziehung schöpften, so gehe man von der Theorie zur Anwendung über;
man belehre sie durch Erfahrung, daß, wo reine
Sitten herrschen, keine Beschimpfung statt findet;
daß sie nur die Begleiterinn des Spiels, der Aus-
schweifungen und der Unmässigkeit ist, und daß die
persönliche Rechtschaffenheit der beste Vertheidiger
gegen jede Beleidigung sey. Man beweise ihnen,
daß, da sie einmal gezwungen, unter einerley Fahnen zu leben, und zu zahlreich sind, um nicht durch
Verschiedenheit der Charaktere getheilt zu seyn, doch

die gegenseitige Achtung die mangelnde Freundschaft
erſetzen müſſe, und daß Eiferſucht, Neid und Vor⸗
ſtreben, leicht aus einem Herzen verdrängt werden,
in welchem die Liebe zu Erfüllung der Pflichten
herrſchend iſt, als welche ſo leicht jede Empörung
des Herzens zu ſtillen vermag. Man gewöhne ſie
nach und nach, ſich als Brüder zu betrachten, wel⸗
che ſich wechſelsweiſe Schutz, Beyſtand, Achtung
und Nachgiebigkeit ſchuldig ſind, und nicht als eine
Heerde Tiger, die immer bereit ſtehen, ſich zu zer⸗
reiſſen, und deren blutdurſtige Blicke ſich wechſelſei⸗
tig als Schlachtopfer zu verſchlingen ſcheinen.

Vielleicht wird, beſonders anfangs, ſich noch man⸗
cher Geſezbrüchige finden, mancher Antaſter der
Ehre ſeiner Kammeraden; aber dann ſey man un⸗
erbittlich, man ſtreiche ihn aus auf der Liſte der
Krieger, er gehe, fern von ihnen in den Fecht⸗
ſälen, oder in den Tempeln der Ausſchweifung,
ſich Gegenſtände ſeiner meuchelmörderiſchen Laune
zu ſuchen; allgemeine Hochachtung folge dem, der
der Beleidigung nur Verachtung entgegenſezte; aber
dann zeige man ihm, im Angeſicht ſeiner Waffen⸗
brüder, die Krone, welche im Gewühl der Schlacht
ihm entgegen winkt, er wiſſe und erfahre, daß,
wenn auch die Ruhmbegier eines jeden darauf An⸗
ſpruch machen darf, doch auf ihm, dem Beleidig⸗
ten, insbeſondere die Verbindlichkeit ruht, ſie zu
erobern.

Indeſſen iſt es eine traurige Wahrheit, daß

man für Ein schönes Gefühl in der Seele Ludwigs des Vierzehnten immer tausend kleinliche und
kindische entdekt. Die Bastille tönte wieder von
dem Kreischen der Angeln der so oft und schändli-
cher weise geöffneten Thüren. Dort büßte der Herzog von Lausun die gefährliche Liebe zu einer Prinzessinn, und Bussi die scharfe Spitze eines stechen-
den Gassenhauers. Dort öffnete ein Verhaftbefehl
die Quelle der Vergiftungen, welche Paris seit einiger Zeit besudelten. St. Croix liebt die Marquise
von Brinvilliers, der Vater dieser Frau läßt den
Liebhaber einsperren. Im Gefängnisse macht er
Bekanntschaft mit dem Italiäner Exili und dessen
gefährlicher Kunst. Er wird seines Verhafts ent-
lassen, der schrekliche Durst nach Rache wird mit
ihm entkerkert, die beweinenswürdigen Folgen davon
sind bekannt.

Unglüklicherweise bedarf es nur der Gewißheit
eines grossen Verbrechens, um den Verdacht aller
Verbrechen aufzuwecken, das Jahrhundert der Gift-
mischerinn Locusta schien wieder aufzuleben, und die
Leichtgläubigkeit, jene Liebhaberinn des Wunderbaren,
gab dem Tode den Giftbecher statt der Sense in
die Hand. Bey dem allernatürlichsten Todesfall
dachte man gleich an Gift, und der Schrecken lieh
dem Irrthum die ganze Kraft der Wahrheit. Man
schonte der grösten Nahmen nicht mehr, jedem zwei-
fosen Schritt eines Weibes am Hofe, wurde nach-

geſpürt als einer Schandthat. Die Beſtrafung der Voiſin und ihrern Mitſchuldigen, machte dieſem Trauerſpiel ein Ende, welches, im Grunde betrachtet, nicht ſo ſchrcklich war, als die Wichtigkeit der Zubereitungen ahnden ließ.

Fern von dieſen eingebildeten Unruhen, welche in groſſen Städten von dem Bedürfnis zu ſchwazzen, dem einzigen Zeitvertreib der Geſchäftloſen, genährt wurden, ſeufzte die Menſchheit unter würklichen Uebeln, — der Krieg ward mit Wuth fortgeſezt.

Der Nachfolger eines Turenne werden, iſt eine gefährliche Ehre; Delorge that indeſſen alles was man erwarten durfte, er ſchlug den Feind nicht, aber er trieb ihn von Hagenau und Zabern zurük, welche beyde Städte belagert waren. Die lezten Tage Carls des Vierten von Lothringen, jenes fürſtlichen Abentheurers, und Oheim Carl des Fünften, deſſen wir weiter oben gedacht haben, wurden durch die Niederlage Crequis und deſſen Gefangenſchaft, und durch die Einnahme von Trier, mit friſchen Lorbeern geſchmükt. Das Schikſal dieſes Prinzen hatte eigenſinnige Launen: immer nahm er Theil am Kriege, ohne mit irgend Jemand in Krieg verwickelt zu ſeyn; immer ſtand er an der Spitze eines Heeres, und hatte doch keine Staaten zu vertheidigen. Er liebte den Krieg mehr aus Neigung für die wüſte Lebensart im Lager, als aus Liebe zum Ruhm; wer ihn bezahlen konnte, dem eilte er zu Hülfe, und verſtand doch niemals

die Kunst, sich selbst zu helfen. Man könnte von
ihm sagen, er trage den Fürstentitel nur, um der
Welt zu zeigen, daß er es nicht sey.

Er blieb bey Locbach. Sein Neffe, durch den
Markgrafen von Baaden unterstüzt, nahm Philippsburg. Alles stand jezt in Flammen. Aires, Conde, Bouchain, Valenciennes und Cambray unter-
lagen Ludwig dem Vierzehnten. Philipps Nahme
fesselte den Sieg bey Cassel. Crequi löschte das
Andenken von Trier bey Freyburg wieder aus.
d'Humieres unterwarf sich St. Guillain. Luxemburg jagte den Statthalter weit weg von den Mauern
von Charleroi. Navailles schlug den Vicekönig von
Catalonien. Duquene verbrannte zu Palermo die
vereinigte spanische und holländische Flotte, und
d'Estrees verwüstete in America Cayenne und Ta-
bago. Die Einnahme von Puicerda, Ypern und
Gent führte endlich den Frieden herbey, aber
besudelt durch die Grausamkeit und Schande Wilhelms von Oranien, der zu St. Denis ein Treffen
lieferte, und geschlagen wurde; und durch die kriechende Schmeicheley der Geschichtschreiber, welche
fast alle zu behaupten wagten: Ludwig der Vierzehnte
habe mitten im Lauf seiner Siege sich großmüthig
herabgelassen, Europa den Frieden zu schenken.
Sollte man nicht glauben, er habe der Menschheit
eine Gnade erzeigt?

Durch den Traktat von Nimwegen erhielt Frankreich die Franche-Comte, Cambresis und die Graf-

schaft Artois; gab aber an Spanien einen Theil
der eroberten Städte zurük. So verlieren die Fürsten, indem sie Städte gewinnen, deren Schiksal
doch am Ende nur der Friedensschluß entscheidet.
Daran denken sie nicht, daß diese Steinhaufen mit
dem Blute ihrer Unterthanen gefärbt sind, und daß
aus allen jenen Traktaten endlich ein Buch entsteht, aus welchem der Mensch lernt des Gehor-
sams gegen seine Fürsten überdrüssig zu werden.

Der Tod der Königinn folgte bald auf diesen
Frieden, den ich Ehrenvoll nennen werde, nicht in
dem Sinne, in welchem die Schriftsteller gewöhnlich dieses Wort gebrauchen, sondern weil Ludwigs
Ehrgeiz endlich zu ermüden schien. Man hätte wenigstens vermuthen sollen, daß ein Mann von vierzig Jahren endlich aufhören werde, durch die Brille
der Täuschung zu sehen; aber er hatte das Schiksal
aller Eroberer, deren ei n e Lebenshälfte verfließt,
indem sie Feinde bekämpfen, die sie nicht hatten,
und die hernach die andere Hälfte dazu anwenden
müssen, sich gegen Feinde zu vertheidigen, die sie
sich gemacht haben. Maria Theresia von Oesterreich, seine Gemahlinn, hatte an einem wollüstigen
Hofe keinen andern Feind als ihre eigenen Tugenden, welche machten, daß man sie vergaß. Durch
ihren Tod entstand kein leerer Plaz. Sie war für
das Kloster und nicht für den Thron gebohren.
Ihre Frömmigkeit, ein untrügliches Mittel die Höflinge von sich zu entfernen, schuf mitten im Pallast

der Könige, Einsamkeit um sie her, und dekte ihre guten Handlungen mit dem Schleyer des Geheimnisses, der der wahren christlichen Mildthätigkeit so schön steht. Tochter eines Königs von Spanien und Königinn von Frankreich, kam ihr ihre Grösse drückend vor; sie war müde aller Titel, wie eine andere ihrer dunkeln Eingezogenheit müde wird. Die fromme Seele liebte Madam de la Baliere, und dachte groß genug Madam de Montespan nicht zu hassen; obgleich der österreichische Stolz zuweilen durch die fromme Entsagung durchblikte. Eine Karmeliterinn, ihre Vertraute, nahm sich eines Tages die Freiheit sie zu fragen: ob unter den jungen Herren am spanischen Hofe keine ihre Einbildungskraft gerührt habe? „nein, antwortete sie, es waren keine Könige unter ihnen.

Sie besaß die Eigenschaft schöner Seelen, die Kunst zu geben, und zu rechter Zeit zu geben. Vom Hofe hintangesezt, konnte sie diese Tugend mit noch mehrerer Leichtigkeit ausüben, da sie unbemerkt ausgehen konnte. Eines Abends war sie gegangen, eine der Nonnen im Institut St. Vincent de Paul zu besuchen, welche sie sehr liebte. Sie giengen in einem der Säle, des der Sorgfalt und Obhut dieser Mädchen anvertrauten Hospitals, auf und nieder, die Nonne wird abgerufen, sie verläßt die Königinn auf einen Augenblik. Während dessen kömmt der Feldscherer, der gerade an diesem Tage den Dienst hatte; die Stunde in welcher der Ver

hand abgenommen wurde, hatte geschlagen. Im
erſten Bette, welchem er ſich nähert, liegt ein ſter-
bender Soldat, dem die Wunden, welche er bey
der Belagerung von Conde empfieng, den Tod dro-
hen. Es war ſpät, der Feldſcherer konnte kaum noch
ſehen, er ruft nach Licht, Niemand hört ihn. Die
Königinn tritt herzu, zündet den Wachsſtock an,
welchen der Feldſcherer ohne ſie zu kennen ihr hin-
reicht, und leuchtet während des Verbandes. Als
er vollendet iſt, geht der Feldſcherer weiter, indem
er der Königinn den Wachsſtock raſch aus der Hand
reißt. Der Kranke mußte nun in ſeinem Bett wieder ordentlich zurecht gelegt werden, eine Arbeit,
die den Nonnen zukömmt, es war aber eben keine
da; Maria Thereſia hilft dem Kranken. Ludwig der
Vierzehnte achtete es bey der Belagerung von Conde weit unter ſeiner Gröſſe, einen Blick auf dieſen
Unglüklichen zu werfen, der für ſeinen Ehrgeiz das
Leben wagte, und ahndete nicht, daß dieſer Soldat eines Tages von ſeiner Gemahlinn bedient werden würde. Die Philoſophie ſtellt dergleichen Gemählde gern neben einander, denn ſie beweiſen
am unwiderſprechlichſten, daß die Ungleichheit nur
in den Meynungen ihren Grund hat. Die Nonne
trat wieder herein, und ihr Erſtaunen verrieth die
Königinn. Der Soldat ward wieder hergeſtellt,
ſie gab ihm eine Penſion, zur Belohnung für die
Mühe, ſich von einer Königinn bedienen zu laſſen,

und

und — ein weit schönerer Zug — sie ließ dem Feld-
scherr hundert Louisd'or auszahlen, damit er diese
Begebenheit verschweigen sollte.

Sie besaß in Paris ein kleines Haus, wohin sie
sich zweimal in der Woche begab, und fast immer
blieben diese kleinen Reisen unbekannt, weil sie die
Kunst verstand, immer einen neuen Vorwand derselben zu erfinden. Dort versammelte sie einige
hundert jener Dürftigen, denen das Ehrgefühl zu
betteln verbietet; sie trat mitten unter sie, und half
einem jeden, denn sie besaß das zarte Gefühl der
Menschlichkeit, welches fremde Leiden, wenn auch
der Mund sie verschweigt, aus den Blicken des Leidenden ließt. Sie nannte das ihre Audienz,
und das ist vielleicht an allen Höfen der Welt die
einzige Audienz, von welcher Jedermann zufrieden
weggieng.

Als sie starb, rief Ludwig der Vierzehnte: „ihr
„Tod ist der einzige Kummer, den sie mir jemals
„verursacht hat." Maria Theresia hätte nicht eben
das von ihm sagen können. Seine Liebschaften
kränkten sie oft. „Die Tugenden einer Königinn,
„pflegte sie zu sagen, sind ein Erlaubnißschein der
„Untreue für ihren Gemahl." Sie starb als Königinn, das heißt, als ein Weib, dessen Bestimmung es war, ein grosses Beispiel zu geben. Die
einzige Person, deren Rang sie Ludwig dem Vier-

zehnten am nächsten stellte, und die einzige, von
welcher sein Glanz nicht zurükstrahlte.

Diesem Glanz verdankten indessen die Wissenschaften eine gewisse, nach und nach emporstrebende Fe-
derkraft. Die Academie der schönen Wissenschaften
machte sich das Studium der Geschichte eigen, und
erzeigte dadurch der Menschheit einen wichtigern
Dienst, als durch die kindische Beschäftigung, Denk-
sprüche für Ludwig den Vierzehnten zu erfinden.
Die Erdkunde entwickelte sich; Huygens maß die
Zeit; Cassini las in den Sternen; Beobachter,
welche nach Cayenne geschikt wurden, öffneten das
Gesezbuch der Natur, über welches einst Newton
den Commentar schreiben sollte.

Descartes war tod, Mallebranche lebte noch
und suchte, mehr durch sein Genie als durch die
Fackel der Vernunft erleuchtet, in die dunkeln
Tieffen einzudringen, wo Gott allein mit sich selbst
die Seelen der Menschen schaft. Die Weltweisheit
schlummerte noch. Corneille starb, kein Denkmal
bezeichnete seine Asche. Moliere starb, ihm ward
das Begräbnis versagt. Racine, werth Geleits-
mann auf dem Pfade der Weisheit zu seyn; Racine, verblendet durch die Gunst eines Königs, und
zitternd sie zu verlieren, vergaß, daß der Weise nichts
fürchten darf als den Verlust der Tugend. Der
Komet von 1680, welcher seit Cäsar vielleicht unsere Erdkugel nicht besucht hatte, fand in Frankreich

Roms Nebenbuhlerinn, aber er fand es auch, so
wie jene, aberglaubisch genug, um bey seinem Anblik zu zittern.

Dieser Komet, der weder durch seinen Schweif
noch durch seinen Bart den göttlichen Zorn verkündigte, äusserte im Gegentheil einen sehr wohl-
thätigen Einfluß, denn er gab Bayle die Feder
in die Hand. Man hat diesen Weltweisen verschrieen,
weil er viele Götzenbilder zerbrach; und ich will gern
glauben, daß er besser gethan hätte, das Geschöpf
nicht so oft um des Schöpfers willen zu vernach-
läßigen: aber Bayle, indem er die Menschen richtete, indem er sie von heuchlerischen Zierrathen entblößte, und sie der Welt nackend hinstellte, hat zuerst fühlbar gemacht, wie sehr die Freiheit zu denken und zu schreiben die Herrschaft der Wahrheit
ausbreitet. Wenn alle Menschen die Tugend lieb-
ten, so würde Bayle nie geschrieben haben. Wenn
alle Menschen das Bedürfnis fühlten, tugendhaft
zu seyn; so würden Bayles Schriften höher geschäzt
werden.

Er lebte verfolgt, das heißt, hochachtungswür-
dig. Man griff nach seinem Tode sein Testament
an, und hier wurden zum erstenmale die glüklichen
Würkungen des Einflusses der Philosophie sichtbar,
deren Grundstein er gelegt hatte. Senaux ver-
theidigte es, und riß die Richter mit sich fort.
Man behauptete der Flüchtling Bayle sey für bür-

gerlich tod zu achten. Der Gelehrte ist in jedem
Lande zu Hause, sprach Senaux. Kann Bayle
bürgerlich tod seyn, wenn ganz Europa von seinem
Nahmen wiederhallt? Nie hatte, vor Bayle's Zei=
ten ein Richter so zu sprechen gewagt.

Aber ach! diese Philosophie war noch zu schwach,
um den Widerruf des Edicts von Nantes zu hin=
dern, das größte Unglük, welches Misbrauch der
Gewalt, Louvois unpolitischer Hochmuth, und die
Intoleranz einiger Pfaffen jemals über Frankreich
gebracht haben. Laßt uns gerecht seyn: dieser
Widerruf ist eines der größten Denkmäler von dem
Despotismus Ludwigs des Vierzehnten. Doch war
er minder schuldig an diesem Verbrechen, als die,
welche ihn umgaben. Er unterzeichnete nur, und
das Gewicht dieser Anklage ist schon drückend ge=
nug, wir dürfen es nicht erschweren.

Der Kanzler Tellier, dieser Vater von Louvois,
von welchem einst der Graf von Grammont, als
er ihn aus dem Kabinet des Königs von einem ge=
heimen Gespräch kommen sah, ausrief: „mich
„dünkt, ich sehe eine Wiesel, welche eben die Hü=
„ner erwürgt hat, und sich noch die blutige Schnau=
„ze leckt;„ dieser Tellier und sein Sohn beschleu=
nigten den schreklichen Streich, der ein Zehntheil
der Franzosen aus ihrem Vaterlande jagen sollte.

Das Edict von Nantes, jenes Werk des guten
und freundlichen Heinrichs des Vierten, jenes Denk=

mal der Großmuth eines Herzens, welches vielleicht
der Religion seiner Wiege noch manchen Seufzer
opferte, war dem Despotismus Richelieu's und Mazarin's entschlüpft. Aber es glich einem alten Gebäude, dem man täglich hier und dort einen Stein
ausbricht, bis es sich zum Einsturz neigt. Der
Haß gegen die Democratie der reformirten Religion,
welche Voltaire entschleyerte, lag der Aristocratie
der Bischöffe und Grossen mehr am Herzen, als
das Intresse Gottes. Ueberall, so bemerkte Voltaire, wo die reformirte Religion eingeführt worden war, herrschte das Volksregiment. Bedurfte
es mehr, um den Versuch zu wagen, sie in Frankreich ganz auszurotten, in Frankreich, wo von jeher das Volk für nichts, und die Grossen für alles geachtet wurden. Noch existirte das Edikt von
Nantes, aber man übertrat es täglich, ein schein-
bar weniger empörendes, und doch im Grunde
weit ungerechteres Verfahren, als der gänzliche Widerruf. Ein noch bestehendes Edict, welches aber
Niemand mehr befolgt, gleicht dem Opium das
man dich nehmen läßt, um dich am Schreien zu
hindern, wenn man dir ein Bein abschneidet.

Colbert, der Freund der Künste, nahm diejenigen in Schutz, welche man damals, und auch noch
jetzt gewöhnlich, Hugenoten zu nennen pflegt. Er
sah in ihnen nur nützliche Unterthanen, deren Be-
triebsamkeit die Einkünfte des Staates vergrösserte;

und Colberts Wohlwollen gab dem Haß der beyden Louvois neue Nahrung. „Sie sind König um die „Welt zu beglücken” sagte Colbert zu Ludwig dem Vierzehnten, „und nicht um ihren Glauben zu rich= ten.” — „Sie sind König, um zu thun was ih= nen gut dünkt” sprach Louvois, und Louvois wurde gehört, weil er zu der Gemüthsart, und Colbert nur zu dem Verstande redete.

Bald zerstörte man einen ihrer Tempel, bald ver= bot man ihnen alle ihre Verbindungen mit den Katholiken. Man entfernte sie von fremden Aem= tern, welche den Adel mittheilen; man gab ihnen keine einträgliche Posten; man verschloß ihnen so= gar die Werckstätte der Künste und Handwercke; nur den Soldatenstand untersagte man ihnen nicht; man ließ ihnen die Ehre, sich tod schlagen zu las= sen, für eine Regierung, welche sie verabscheute, und für ein Vaterland, in welchem sie keinen Ver= theidiger hatten. Mitten unter allen diesen Be= drückungen gab man Befehle, welche alle Gewalt gegen sie verhüten sollten, als ob die Versagung aller Gerechtigkeit nicht die schwärzeste Gewalt in sich begreife.

Pelisson, welchen man durch Abteyen bekehrt hatte, glaubte dieses Mittel unwiderstehlich. Durch etwas Geld an Unglückliche ausgespendet, welche der Mangel hindert einen Willen zu haben, vergrösserte er die Liste seiner Bekehrten, und schmeichelte Lud=

wigs Stolze, welcher an dieser anscheinenden Gewalt
über den Glauben der Menschen grosse Freude fand.
So entehrte sich Pelisson, als er Priester war,
durch knechtische Schmeicheley; er, dem als Calvi-
nist seine Gefangenschaft in der Bastille zur Ehre
gereichte.

Aber die willkührliche Gewalt begnügt sich nicht
mit ungerechten Mitteln, die kein Aufsehen erregen,
grosse entscheidende Streiche werden ihr zum Bedürfniß, und bald führte sie auch diese. In einem
Staate, in welchem das Gesetz nur ein Alter von
25 Jahren für majorenn anerkannte, hatte man
die Verwegenheit zu erklären, daß die Kinder der
Protestanten schon im siebenten Jahre fähig seyn
sollten, ihrer Religion zu entsagen, oder mit andern Worten: die wichtigste Handlung ihres Lebens
zu bestimmen, in einem Alter, in welchem ihre
schwache Vernunft ihnen noch nicht verstattet, die
Klippe gewahr zu werden, an welcher sie scheitern
musten. Da man aber wohl einsah, daß sie, mehr
mit den Spielwercken der Kindheit, als mit der
Wichtigkeit des Gottesdienstes beschäftigt, sich eben
nicht herzudrängen würden, um der Gunstbezeugungen der Minister theilhaftig zu werden, so trug
man Sorge sie von den Busen ihrer Mutter zu
reissen, um ihnen mit Gewalt die Thore des Himmels zu öffnen, zu welchen schon ihre Unschuld

7 • • •

ihnen ein Recht gab, das ihre Räuber in diesem Augenblicke vielleicht auf ewig verlohren.

Das war ganz natürlich das Signal der Flucht. Nehmt dem schüchternen Vogel seine Kleinen, die er mit mütterlicher Zärtlichkeit ausgebrütet, so wird er hastig den Wald fliehen, der seiner Kränkung und seines Schmerzes Zeuge war. Die Höfe, welche sich unaufhörlich belauern, um wechselseitig von ihren Fehlern Nutzen zu ziehen, und deren Politik ihre eigne Wohlfahrt immer nur auf den Umsturz anderer gründet, liessen diesen Augenblick nicht entschlüpfen, die Macht von Frankreich zu verringern; Holland, England und die nordischen Reiche, öffneten ihren Schooß den unglücklichen Flüchtlingen.

Das Mittel die Väter zurück zu halten, war eben so löblich, als das, die Bekehrung der Kinder zu befördern. Man zog die Güter derjenigen ein, welche Willens waren sie zu verkaufen, und man verdammte Jeden zu den Galeeren, der den Versuch wagen würde zu entfliehen. In der That, sie hatten groß Unrecht. War es denn nicht billig zu verlangen, daß sie bleiben sollten? um dem Minister Louvois die Freude sie zu quälen nicht zu verderben.

Von tiefem Unwillen wird man ergriffen, wenn man den Blick auf dieß Gewebe von Ungerechtigkeiten wirft. Jeder Grundsatz der Billigkeit schien damals vernichtet zu seyn. Diese überdachte Verkehrtheit füllt die Seele mit Schrecken, wie vielleicht keine Epoche in der Geschichte. Der König welcher zu diesem Betragen sich herleiht, der Minister dessen Entwurf es war, die Priester welche es erbetteln, das Volk welches es leidet — nein, man sucht umsonst einen Namen für alles dieß. Und hauptsächlich die Priester! Diese Diener eines Gottes des Friedens! Ach! Damals, als in den ersten christlichen Jahrhunderten die unglücklichen Märtirer unter dem Henkerschwerdt fielen, wie die Aehren unter der Aerndtesichel, was thaten Jupiters Priester mehr bey einem Diocletian und einem Decius?

Die Geisel der Ungerechtigkeit weckte endlich die Schlangen der Zwietracht, und die Verfolgten bewaffneten sich in den Gebirgen von Vivarais und Dauphine. Es war den abgehärteten Truppen eines Menschen, der die ganze Welt hatte bezwingen wollen, nicht schwer, eine Handvoll Unglücklicher zu zerstreuen. Man ließ es dabey nicht bewenden, der Henkertod war für die Besiegten bestimmt. Der abscheuliche und schimpfliche Tod auf dem Rade, war die Strafe eines Verbrechens, welches zu begehen man sie gezwungen hatte. Voltaire hatte jenen Vers noch nicht geschrieben:

L'injustice à la fin produit l'indépendance.
Aber schon lange vor ihm hatte die Natur ihn in das Herz des Menschen gegraben. Das Verbrechen

der beweinenswerthen Calviniſten war, ſich zu Rä-
chern der Naturrechte aufgeworfen zu haben.

Dragoner, welche von Prieſtern angeführt und
geleitet wurden, durchzogen alle Wohnungen dieſer
Unglücklichen. Louvois Briefe giengen vor ihnen
her, wie der Schrecken vor der Göttin des Krieges. Alles war dieſen Soldaten erlaubt, nur nicht
zu tödten; nnd dieſe Einſchränkung für Truppen, welche der Ruhm eines Eroberers ſelbſt für
Ehrgefühl ſtumpf gemacht hatte, deren Seelen, gleich
entblößt von Bürgerliebe und Menſchlichkeit, nur
noch Sinn hatten für kriegeriſche Wildheit; dieſe
Einſchränkung war ein Befehl, den Unglücklichen,
der unter ihre Hände fiel, Glied vor Glied zu morden. Nur zu getreu gehorchten ſie dem empfange-
nen Befehle: Weiber ſtarben aus Verzweiflung
beym Anblick ihrer Säuglinge, die man ihnen vom
Buſen riß; Männer an der Seite ihrer Gattin,
welche viehiſche Wolluſt unter ihren Augen ſchändete;
Hausväter unter den Trümmern ihrer rauchenden Hütten. Abſcheuliches Schauſpiel! unvergängliche Schande! Ein König der ſich in Wollüſten wälzt, während
man ſeine Unterthanen erwürgt; ein Blutminiſter der
den Namen ſeines Herrn brandtmarkt, indem er ſeine
eigene Rachluſt befriedigt; Prieſter welche dieſe Rachluſt noch mehr reizen; Soldaten welche ihr dienen; —
O! welche Hand vermag die Worte auszulöſchen,
welche die fliehende Menſchheit in Frankreichs Bo-

ben grub: „hier wurden Menschen im Namen Gottes ermordet!"

Das Edict ward endlich widerrufen; und der Kanzler rief aus, indem er es unterzeichnete: nunc dimittis servum tuum domine &c. Die Seele eines Tellier — welch' ein Geschenk für die Gottheit!

Alles flieht; 500,000 Verfolgte zerstreuen sich auf dem Erdboden, und tragen von der äussersten Grenze von Afrika bis an das baltische Meer, das Gemälde ihres Unglücks, die Hülfsquelle ihrer Talente, und den Haß gegen Frankreich mit sich herum.

Und — unglaublicher Widerspruch in dem Gange des menschlichen Geistes — in dem nemlichen Augenblicke, wo alle diese Schandthaten vollbracht werden, treten die berühmtesten heiligen Redner auf. Welch ein Gegensatz! die Dragonade in den Cevennen, und Bourdaloue zu Versailles den christlichen Frieden predigend.

Aber auch beweinenswürdige Einförmigkeit in der Politik der Höfe! zu derselben Zeit, da Ludwig der Vierzehnte die Verbannung einer Million französischer Protestanten unterzeichnet, beschützt er die Protestanten in Ungarn, die sich gegen ihren König, den Kaiser Leopold aufstehnten. So werden die Menschen unter den Händen ihrer Beherrscher lasterhaft oder tugendhaft, wie es die Launen jener erheischen.

Bey diesem ausgezeichneten Geschmack für Verwü-
stungen, wundert man sich freilich nicht, der Menschlichkeit nachtheilige Erfindungen erscheinen und auf-
kommen zu sehn; und noch weniger wundert man
sich, die, alle Entdeckungen verachtende Unwissenheit der Grossen wieder zu finden, und ihre Gleichgültigkeit selbst für diejenigen, welche ihren Neigungen schmeicheln. Ein gewisser Renaud ahndete die
Möglichkeit der Bomben = Galioten; er schlägt dem
Conseil einen Versuch vor. Man schämt sich nicht,
einem Geometer, einem Ingenieur, der sein Leben
dem Studium seiner Kunst geopfert hatte, ins
Gesicht zu lachen. Warum? Richelieu entschied
über den Werth des Cid. Die Sache gelang troz
dieses Hohnlächelns der Glieder des Conseils, und
troz der albernen Spöttereyen der Höflinge. Die
Algierer und Genua machten die traurige Erfahrung davon.

Das handelnde Genua, welches Ludwig dem
Vierzehnten in keiner Rücksicht etwas schuldig war,
hatte den Algierern Pulver und Bomben verkauft,
ohne sich im geringsten darum zu bekümmern, und
ohne vorher zu sehen, ob sie dieses Pulver und diese
Bomben gegen den König von Frankreich gebrauchen
würden. Genua hatte da nichts weiter gethan,
als was jeder Waffenschmied thut, der an Jemand
einen Degen verkauft, ohne deshalb dem Gegner des
Käufers, der durch diesen Degen verwundet wurde,

Rechenschaft schuldig zu seyn. Aber Ludwig der
Vierzehnte dachte anders. Seit langer Zeit hielt
er sich mehr für den Gott der Erde als für den
König von Frankreich. Er fodert Ersatz von diesen fremden Kaufleuten, man lacht darüber, das
war natürlich. Sogleich läuft eine zahlreiche Flotte
von Toulon aus, der siebenzig jährige Duquene ist
Befehlshaber derselben; sie erscheint vor den Mauern
von Genua, und in wenig Tagen ist diese prächtige
Stadt in einen Schutthaufen verwandelt. So rächte
einst Genserich an den Künsten, die vorgeblich von
den Menschen erlittenen Beleidigungen.

Das war noch nicht einmal genug in Ludwigs
Augen; er wollte dies arme gekränkte Volk auch
noch in seinem Chef demüthigen, und der Doge
Imperiale Lescaro dachte groß genug, um selbst
nach Versailles zu kommen, die verlangte Ge-
nugthuung zu leisten. Ich sage er dachte groß
genug! und da sage ich noch zu wenig; denn der
Doge zu Versailles ist weit grösser als Ludwig der
Vierzehnte. Der Vaterlandsliebe opfert dieser Ge-
nueser den Widerwillen, den er empfinden muß,
seine eigene Demüthigung zu unterzeichnen. Um
sein Volk zu retten, erniedrigt er sich so tief. Würde
Ludwig der Vierzehnte in dem nemlichen Falle dasselbe gethan haben? nein! unter den Trümmern
seiner Staaten hätte er sich begraben; das war sein
einziges Rettungsmittel im Unglück. In den Augen

der Menschheit erscheint Imperiale also weit grösser
als Ludwig. In den Bedingungen selbst welche die
Eroberer den Besiegten auflegen, finden die letzteren
oft ihre Rache. Als der Maire von Calais einst
vor Eduard erschien, hätte er ihm zurufen können:
„siehe da Fesseln, welche du nicht den Muth zu
„tragen haben würdest.”

Einer übermüthigen Ceremonie folgte jetzt eine
lächerliche. Hier glaubt man die türkische Gesandtschaft bey Molieres geadeltem Bürger zu sehen.
Ein schlauer Kopf, dem seines Vaters Weinschenke
zu enge war, gieng nach Indien und suchte sein
Glück zu den Füssen des Thrones von Siam. Er
fand es auch würklich, war aber bange es nicht
festhalten zu können. Die Prahlsucht Ludwigs des
Vierzehnten war auch bis zu seinen Ohren gedrungen, er fühlt welchen Vortheil man von dieser
Kleinheit ziehen kann, er bedarf einer Stütze,
aber wie seinen Zweck erreichen in einer Entfernung
von einigen tausend Meilen? Wie aber im Gegentheil sich erhalten, in einem fremden Lande? allein,
von Neidern seiner Grösse umgeben? wie, mit einem
Worte, den Thron besteigen, der das Ziel seines
Ehrgeizes war? Nichts leichter! er darf nur Ludwigs Eitelkeit schmeicheln. Giebt es Fallstricke in
welche der Stolz nicht fiele? Die Gesandtschaft reist
ab; nach einer Reise von einigen Jahren kömmt
sie glücklich zu Versailles an, und Ludwig der Vier-

zehnte ist so gefällig sich selbst für einen neuen Salomon zu halten, dessen Name bis an die äussersten Grenzen des Morgenlandes gedrungen ist. Die ganze Königspracht wird ausgekramt, einige Millionen werden für dieses Schauspiel verschwendet. Ludwig von Diamanten strahlend und von seinem ganzen Hofe umgeben, giebt den Abgeordneten des Constanz Audienz, welche ihm mit der möglichsten Ernsthaftigkeit einen Handlungstractat mit ihrem Vaterlande vorschlagen, wo keine Handelszweige sind; und die Bekehrung ihres Königs versprechen, der in seinem Leben von der christlichen Religion nicht ein Wort hat reden hören. Ludwig hat die Gefälligkeit, alle diese Lügen zu glauben. Der Chevalier de Chaumont wird mit zwey Fregatten nach Siam geschickt. Weil kein Tractat dort zu machen war, so kam auch keiner zu Stande. Der König von Siam bekannte sich nicht zum christlichen Glauben. Constanz wurde durch einen andern Ehrgeizigen, Namens Pitracha, gestürzt. Die Geschenke an die Gesandten und die Ausrüstung kosteten einige Millionen; und als Ludwig der Vierzehnte endlich aus diesem Traume erwachte, wunderte er sich mächtig, zu finden, daß ein Abentheurer einem König von Frankreich eine Nase gedreht hatte. Indessen hat doch auch ein ganzes Jahrhundert diese Begebenheit als einen Beweis seiner Grösse anerkannt.

So fand Ludwig der Vierzehnte den Weg zum
Despotismus und brach auch die Bahn für seine
Nachfolger. Die Art dazu zu gelangen, war ohne
Zweifel die untrüglichste, aber auch die gefährlichste
für Frankreich. Wahr ist es : man dient gern,
mit Vergnügen vielleicht sogar, dem Menschen den
man bewundert. Es scheint alsdann, als veredle
sich die Sklaverei. Man gewöhnt sich nach und
nach, eine Gewalt nicht mehr ungerecht zu finden,
deren anscheinender Ruhm die Glieder welche er
verwundet einschläfert, und das ist der Augenblik,
in welchem der Mensch die meiste Kraft in sich zu
fühlen glaubt, ob er gleich gerade dann seine ganze Kraft verlohren hat. Die gerechtesten Vorstellungen, auf die Wohlfahrt der Nation gegründet,
scheinen alsdann dem grossen Haufen dieser nemlichen Nation, eine Beleidigung für den Götzen welchen er anbetet. Die Gesetze werden übertreten,
die Finanzen erschöpft, die Bedrückungen verviel-
fältigt, ohne daß es jemanden auch nur einfällt,
der Monarch könne Unrecht haben. Er verstand
die Kunst, in die Wage in welcher man Könige
wägt, und die eigentlich nichts anders ist, als eine
Vergleichung der Ideen, eine Masse von Vorurtheilen zu legen, deren Gewicht grösser war, als
das des Gefühls der Uebel; und so gelangt man
endlich in der Sklaverey bis zu jenem Puncte der
Erniedriguug, daß man seine Leiden segnet, und
sie

sie gerecht glaubt, um der erhabenen Stufe willen, auf welche die Einbildungskraft den Menschen
stellt, der diese Leiden verursacht. So hat er also das untrüglichste Mittel gefunden, euch zu un-
terjochen; aber auch zugleich das gefährlichste, warum? weil er in den Augen seines Volkes diese
Masse von Grösse, durch welche er dasselbe gefesselt hält, nicht anders aufhäufen konnte, als indem er von aussen jene grosse Gewaltthätigkeiten
unternahm, deren Erfolg seinen Staaten die Feind-
schaft aller seiner Nachbarn zuziehen mußte. Was
entsteht daraus? Die Bewunderung, die ihr ihm
zollt, ist Schuld, daß euch der Haß der Feinde,
welche er euch erweckt hat, ungerecht scheint, und
ihr opfert euch für ihn auf, um einer Sache willen, die nur ihn betrifft, die er aber sehr künstlich zu der eurigen zu machen gewußt hat. Ihr
wähnt Helden zu seyn, indem ihr für seinen Ruhm
sterbt; aber die Nationen betrachten euch als die nie-
drigsten Sklaven, die aus allen Kräften die schimpflichen Ketten welche sie tragen, zu erhalten suchen.

Ich wage es zu behaupten: der Franzose war
nie so klein, des Ehrentitels Mensch so wenig
würdig, als in jenem vielgerühmten Jahrhundert;
und wenn noch ein Ludwig der Vierzehnte der
Nachfolger dieses Ludwigs gewesen wäre; so wäre
Frankreich aus der Reihe der Nationen entweder
ganz weggestrichen worden, oder das finstere Schwer-

gen der afiatifchen Ebenen hätte fich auf feinen glük=
lichen Gefilden gelagert.

Die innere Ruhe des Reichs während feiner Re=
gierung, ift der ficherfte Beweiß diefer Sklaverey.
Nie lieferte Frankreich mehr ehrgeizige Menfchen,
und nie zeichneten fich deren weniger durch diefe
Leidenfchaft aus. Man findet während diefer gan=
zen Regierung nur das einzige jämmerliche Com=
plot von Truaumont. Verftand man etwa beffer,
den edlen Ehrgeiz vom falfchen zu unterfcheiden?
keineswegs. Es kam daher, weil der bloffe Na=
me Ludwigs des Vierzehnten einen Defpotismus
enthielt.

Er gerieth einen Augenblik in Verfuchung, dem
Chevalier de Rohan Gnade wiederfahren zu laffen,
der fich durch feine Unbefonnenheit in jene fchlecht aus=
gefonnene Verfchwörung verwickelt hatte; eine Vor=
ftellung des Cinna erwekte diefe Idee in ihm, aber
er befann fich bald anders. Was foll man davon
urtheilen? war es weniger groß die Gnade Augufts
nachzuahmen, als den Octav bey Actium?

Unglüklicherweife für den Auguft von Frankreich
befaß fein ewiger Nebenbuhler nicht die Fehler des
Antonius. Wilhelm, erfahrner in der Politik als
Ludwig, und hauptfächlich nicht fo verblendet durch
das Glück, erfezte den Mangel an Siegen, durch
die erftaunenswürdige Tiefe feines Geiftes; und
indeffen fein Mitbuhler über das Schikfal Europens

nur zu gebieten schien, war er es, der würklich
gebot. Denn Wilhelm wiegelte ganz Europa gegen
Ludwig auf. Die Herzoge von Lothringen und
von Savoyen, Holland, die Reichsfürsten, der König von Spanien und der Kaiser, verbinden sich
untereinander, insgeheim durch ihn angereizt. Venedig lieferte unter der Hand Geld, der Pabst hefti-
ge Rathschläge und unkräftige Segenssprüche, der
Himmel Eugens Haß und Tapferkeit. Der un-
brauchbare und wollüstige Carl der Zweite von England war gestorben, und Jacob sein Bruder, mehr
für das Kloster als für den Thron, aber wie alle
Stuarte zum Unglük gebohren, regierte samt seinen Vorurtheilen in London. Da er Ludwigs
Freund und eben deswegen Wilhelmen verhaßt war,
so beschloß der Statthalter, sich denselben lieber
durch ein Verbrechen vom Halse zu schaffen, als
durch politische Ueberredungen ungenutzt die Zeit zu
verlieren. Dank sey es Colbert! Frankreich konnte
dem allen die Spitze bieten; Brest und Toulon
standen auf der höchsten Stufe ihres Glanzes. Ro-
chefort war aus Morästen emporgestiegen. Fast
zweyhundert Linienschiffe füllten jene Häfen, deren
Arsenäle Macht und Kraft verkündeten. Man zählte hundert und einige sechzig tausend Seeleute, und
fünf Armeen trozten in Flandern, in Deutschland
und Piemont den Angreifern Frankreichs.

Es blieb Ludwig dem Vierzehnten keine Hoffnung

übrig, hier oder dort eine Diverſion anzuzetteln, um dadurch wenigſtens einige ſeiner Feinde in ihren eigenen Staaten zu beſchäftigen. Die Türken welche er lange Zeit gegen den Kaiſer aufgehezt hatte, waren eines Krieges müde, in welchem ſie zwar anfangs das Glük angelächelt hatte, deſſen Fortgang aber der groſſe Sobieski ſehr bald unterbrach, und Leopold verdankte dieſem königlichen General ſeinen Einzug in Wien, welches er unbeſonnener Weiſe verlaſſen hatte.

Der Krieg ward durch die Belagerung von Philippsburg eröffnet. Der Dauphin in Deutſchland, unter ihm der Marſchall von Duras und Vauban, unterſtüzt von zwei Obſervationsarmeen, deren Anführer d’Humieres und Bouſters waren; Catinat in Italien; Luxemburg in Flandern; das waren die Schilder, mit welchen Ludwig ein Reich dekte, welches ſein Stolz zum allgemeinen Gegenſtande des Haſſes von ganz Europa gemacht hatte. Die berühmten Krieger, welche er in Thätigkeit ſezte, fanden überall ihrer würdige Nebenbuhler. In Deutſchland Carl den Fünften von Lothringen, erſt neuerlich Sieger der Ungarn und der Türken; und den Churfürſten von Brandenburg, den Großvater des erſten Philoſophen, der einen Scepter trug. In Italien Eugen und den berühmten Victor Amadeus, weiſe obgleich Fürſt, unglüklich obgleich groß, ungeſchikt obgleich Heerführer. In Flan-

bern Waldeck und bald nachher Wilhelm, die geheime Triebfeder aller dieser grossen Begebenheiten.

Die abscheullchen Scenen in der Pfalz erneuer-
ten sich, und noch schimpflicher für Frankreich,
weil der Nahme Turenne den Schimpf nicht mehr
deckte. Alle Städte dieses schönen Landes hatten
sich in wenig Tagen unterworfen, und Louvois
rieth Ludwig dem Vierzehnten aus seiner ganzen
Eroberung einen Scheiterhaufen zu machen, unter
dem eben so nichts würdigen als unmenschlichen
Vorwande, durch Mangel und Hungersnoth den
Feinden ein unübersteigliches Bollwerk entgegen zu
stellen. Es war mitten im Winter. Sybaritisch
ausgestrekt auf den Rosen der Wolluft, unterzeichnete der Monarch den Todesbefehl, welchen die eiserne Seele des Ministers geschmiedet hatte, eine
Seele, die unter dem Hammer der Zeit immer
härter und unbiegsamer geworden war. Dieser
Befehl war schreklich, denn selbst die Krieger, welche ihn empfiengen, schauderten. Die Einwohner
wurden zerstreut. Die Flammen verschlangen Städte
und Dörfer; die Bäume vertrokneten bis in ihre
Wurzeln; der Saft des Frühlings fand nur Asche
zu befeuchten; und nachdem alles was Leben ath-
mete, von diesen unseligen Gefilden verbannt worden war, so stieg man sogar bis in die Gräber
hinab, um auch noch das Andenken eines ehemaligen Lebens zu entweihen. Bis dahin hatte Lud-

wig der Vierzehnte nur Abscheu erwekt, der Haß
des Erdbodens krönte ihn mit Unsterblichkeit.

Den Königen zum warnenden Beispiel und der
Welt zum Troste, wäre es freilich schön, wenn
grosse Widerwärtigkeiten diesen Schandthaten auf
dem Fusse gefolgt wären, und der Geschichtsschrei-
ber erröthet, daß er überall nur gelungene Unternehmungen schildern darf. Aber der Himmel ist
weit von der Erde, seine Gerechtigkeit bedarf Zeit
um den Raum zu durchstreichen. Geduld! diese
Zeit wird auch kommen.

Sie ereilte damals Jacob den Zweiten, der auf
dem Throne von England sich nichts vorzuwerfen
hatte, als die Hartnäckigkeit seiner Unbesonnenheit
und den Ehrgeiz seines Beichtvaters Paters. Seit
Heinrich dem Achten kämpften zwei Religionen gegen einander auf dieser Insel. Die katholische, die
einzig heilige, aber gefürchtete, weil sie dem Despotismus zum Schleyer diente; und die anglicani-
sche, zwar in der That falsch, aber verführerisch,
weil sie sich auf die Freiheit stüzte. Bald kezerisch,
bald römisch gesinnt, schwankte der englische Scepter zwischen beiden Altären. Elisabeth hatte ihn
verherrlicht, blutig war er von dem Blutgerüste
Carls des Ersten herabgerollt, Cromwell hatte ihn
aufgehoben, und in Schleyer gehüllt, aus Furcht
der Anblik desselben möge gegen seine Verbrechen
zeugen. Carls des Zweiten schwache Hand hatte

ihn unter Vergnügungen versteckt, um ihn den un-
ruhigen Blicken eines eifersüchtigen Volkes zu entziehen; aber dieses Schwanken des Diadems zwischen zwey Partheien konnte unmöglich lange dau-
ern. Um es endlich zu befestigen mußten grosse
Tugenden, oder ein grosses Verbrechen hervorgehen.
Die erstern besaß Jacob nicht, das leztere begieng
Wilhelm. Der Ehrgeiz, der die Bande des Blu-
tes selten achtet, verbunden mit der Politik, die
sie nie achtet, stürzten den Schwiegervater durch den
Eidam. Jacob that zu Gunsten der katholischen
Religion alles was er nicht hätte thun sollen, und
der Pabst Odescalchi nichts von dem was er hätte
thun sollen. Aber Ludwig der Vierzehnte liebte
Jacob den Zweiten, und Odescalchi haßte Ludwig
den Vierzehnten; da habt ihr die Auflösung des
Räthsels. Jacob bevölkerte seinen Hof mit Priestern, Capucinern und Jesuiten, und die Gefängnisse mit anglicanischen Bischöffen, ein Schauspiel
das dem englischen Geschmak wenig behagte. Er
dachte nur darauf den Kopf seines Beichtvaters
mit dem Kardinalshut zu bedecken, und ahndete
nicht, daß der Fall seiner Krone seinen eigenen
Kopf entblößt lassen würde.

Die Verschwörung spinnt sich an, Wilhelm wird
herbeygerufen, und das Geheimnis treu bewahrt.
Jacob erblikt zu spät die Gefahr. Er hat eine
Flotte, sie verräth ihn; er hat Truppen und weiß

8 . . .

sich ihrer nicht zu bedienen; er hat Churchill, den
größten Krieger seines Jahrhunderts, und weiß ihn
nicht an sich zu fesseln. Wilhelm kömmt an, ist
Sieger und König. Jacob, die Capuciner und
die Jesuiten müssen fliehen.

Wieder eingehohlt durch das Volk, nach London
zurükgeführt, Gefangener in seinem eigenen Pallast,
bald von den Ufern der Themse verjagt, welche
durch seine Gegenwart nicht verherrlicht worden
waren, eingesperrt in Rochester, und endlich aus
seinen Staaten verbannt, leerte er bis auf die Hefen
den Kelch des Leidens, welchen das unglükliche
Schiksal der Stuarte ihm darreichte. Er kam nach
Frankreich, wo unfruchtbare Ehre und unfruchtbare Hülfe seiner harrten.

Ludwig der Vierzehnte gieng der Königinn von
England entgegen: „ich leiste Ihnen, sprach er,
„einen traurigen Dienst, aber ich hoffe Ihnen bald
„grössere und glüklichere erzeigen zu können. „Ueberall
und immer mehr Grösse als Macht.

Vergebens bewaffnete Ludwig zahlreiche Flotten,
um Jacob wieder auf den Thron zu setzen; vergebens lieh er ihm, wenn ich mich so ausdrücken
darf, die Göttin des Sieges, die noch immer seinem Dienst getreu war; Jacob konnte mit Astolphs
Schwerdt seinen Gegner nicht überwinden. Der
Beschützer war groß, der Beschützte klein. Ludwig erzeugte seine Wohlthaten als Sieggewohnter

Eroberer, Jacob benutzte sie als überwundener König, und Wilhelm schlug beyde als ein geschickter
Usurpator. Die Niederlage von Boine und der
Verlust von Limesick besiegelten endlich Jacobs Untergang; es blieb ihm nichts mehr übrig, als die
verhaßte Hülfsquelle schwacher und nachlässiger Fürsten, aus welcher er zu seiner Schande schöpfte:
Verschwörungen gegen seinen Mitbuhler.

Laßt uns dem Ruhm Ludwigs des Vierzehnten
nichts entziehen; er selbst hat nur zu oft diese Mühe
über sich genommen. Es war schön einen fliehenden
König in den Mauern von Paris aufzunehmen,
wo vormals der Herzog von Bedford des Elends
des bedauernswürdigen Carls des Sechsten so grausam gespottet hatte. Grösser als König zeigte sich
Ludwig an Jacobs Seite, öfter als Mensch; und
gab das Beyspiel einer Tugend die sogar in Privat-
gesellschaften selten ist: der Glückliche den Unglücklichen tröstend. Als Jacob nach Irrland abreiste,
sprach Ludwig zu ihm: „das beste was ich Ihnen
wünschen kann, ist, Sie nie wieder zu sehn." In
diesen Worten herrscht tiefes Gefühl, dessen Reitz
beynahe die Feinheit des Geistes vergessen macht,
welche es einflößte. Ludwig der Vierzehnte
wankte nicht in seiner Freundschaft für Jacob den
Zweiten. Es war weder das Aufsprudeln einer
vorübergehenden Anhänglichkeit, noch der prahleri-
sche Schutz eines Beherrschers, der im Schoose des

Glückes die stolze Hand seinem gedemüthigten Bruder reicht; es war die großmüthige Halsstarrigkeit
der Freundschaft, welche weder durch Sorge, noch
Mühe, noch Unkosten, auch nicht einmal durch die
Fehler des Freundes sich abschrecken läßt.

Jacob hatte sich sehr grosser Fehler auf dem Throne
schuldig gemacht, er begieng noch grössere im Unglück. Er besaß weder den Muth, noch die Standhaftigkeit, noch die Grösse, welche einem entthron-
ten Monarchen so nöthig sind. Natürlich konnte er
auch nicht das Interesse für sich erwecken, daß man
sonst so gern für grosse Männer im Unglücke fühlt.
Er war ein Gegenstand der Spöttereyen der Höflinge und Priester, die Religion enthüllte nur seine
Schwachheiten, er kannte weder die muthige Thatkraft der Heiligen, noch die schlaue Heucheley der
Falschfrommen; seine Unterthanen haßten ihn, Europa verhöhnte ihn, er hatte nur e i n e n Freund —
Ludwig den Vierzehnten.

Die Lage des letztern macht diese Freundschaft
noch hochachtungswürdiger. Ganz Europa war gegen
ihn aufgestanden, und seine Siege drückten ihn zu
Boden. Durch Catinat's Siege zu Stafard und
la Marsaille, und Luxemburgs erfochtene Vortheile
zu Fleurus war die Hoffnung zum Frieden nicht
näher gerückt. Frankreich erschöpfte sich nach und
nach, und nun kam auch Wilhelm noch, nachdem
er sich in London festgesetzt hatte, herüber an das

feſte Land, um das Gewicht ſeiner Talente der Laſt
beyzufügen, welche ſchon ſo ſchwer auf Ludwig lag.
Die Verbündeten ließen ſich weder durch die Einnahme von Namur, und die berufenen Schlachten
von Steinkirchen und Nerwinden, noch durch die
Fortſchritte des Noailles in Catalonien und des
Deslorges in Deutſchland niederſchlagen. Bald
fehlte es an Geld und Menſchen. Eine rauhe Jahrs-
zeit führte Hungersnoth herbey, das Elend ward
immer gröſſer, es mangelte Frankreich nur noch
Waffenunglück; auch dieß erſchien bald, Luxemburg
ſtarb, — weg war Ludwigs Glück!

St. Malo, Havre, Dieppe, Calais und Dünkirchen werden von den engliſchen Flotten bombar-
dirt, Wilhelm erobert, trotz Bouffers Widerſtand
und Villeroi's Gegenwart, Namur wieder. Die
Holländer zerſtören Pondichery in Indien, die Engländer verwüſten St. Domingo. All dieſer Verluſt
wurde nur ſchwach erſetzt, durch die Unternehmungen der bewaffneten Fahrzeuge von St.
Malo auf der Küſte von Terra nova, die Einnahme von Carthagena durch Pointis, und die Thaten des Du Guay-trouin. Man war endlich gezwungen an den Frieden zu denken; der erſte den
Ludwigs geſchickte Unterhändler von der Nothwendigkeit des Friedens überzeugten, war Victor Amadeus. Teſſe begann das Werck, und Catinat vol-
lendete es. Glücklicherweiſe war Louvois und

Odescalchi gestorben. Ludwig der Vierzehnte und
die Menschlichkeit hatten also zwey Feinde weniger
zu bekämpfen. Die römische Kirche hatte ihren
Pabst und ihre Politik zugleich gewechselt. Der gute
Pignatelli, Innocenz der Zwölfte, liebte den Frieden; er beschleunigte, so viel in seinen Kräften stand,
die Einwilligung des Victor Amadeus, um ihn von
der Nachbarschaft der Franzosen und der Raubsucht
der Kaiserlichen zu befreyen. Die Friedensbedingungen waren folgende: der Herzog von Burgund,
Sohn des Dauphins, heyrathet die Prinzessinn von
Savoyen; Italien bleibt neutral; Frankreich zahlt
eine gewisse Summe und giebt dem Herzog alles
Eroberte zurück.

Der Herzog von Savoyen hatte sich verbindlich
gemacht, den Kaiser zur Neutralität von Italien
zu bewegen. Er war auf eine abschlägige Antwort
gefaßt; er brauchte einen Vorwand, um seine Sache von der allgemeinen Sache der Verbündeten zu
trennen, und diese abschlägige Antwort diente ihm
dazu. Sein Beispiel machte die übrigen Mächte
wankend, eine jede neigte sich zum Frieden. Rys-
wik ward gewählt, um die Konferenzen daselbst zu
halten, die Vermittlung Carls des Neunten, Königs
von Schweden, ward angenommen. Man erwartete
noch übermüthige Foderungen von Seiten Ludwigs, man erstaunte über seine Mäßigung. So
plätschern die kleinen Wellen des Oceans, an einem

heitern Morgen, liebkofend um den Felfen, den am
Abend die braufenden Wogen, durch den Sturm
gepeitfcht, bis in feine Grundfefte erfchütterten.

Vergebens würde man den Grund diefes Krieges
in etwas anders fuchen, als in dem Haß den Ludwig
der Vierzehnte und Wilhelm von Naffau gegen einander nährten. So dürfen zwey Menfchen das Schickfal
des Viertel Erdbodens beftimmen. Nie war ein Krieg
der Menfchheit trauriger, felbft die punifchen Kriege
nicht einmal ausgenommen; keiner hat fo viele
blutige Schlachten aufzuweifen. Fleurus, Steinkirchen, Nerwinden, Staffard, Marfaille, haben
beyden Theilen 100,000 Menfchen gekoftet. Ein
Beweis, daß die Kriege überhaupt genommen, felbft
in der Politik, den Völkern welche fie führen, von
wenigem Nutzen find, ift, daß Frankreich, immer
fiegreich, doch in diefem Kriege nichts gewann;
daß Spanien, das Reich und Holland die Plätze
wieder befetzten, welche man ihnen genommen hatte;
daß Victor Amadeus die Vermählung feiner Tochter durch verlohrene Schlachten erkaufte; und daß
nur ein einziger Menfch, zwar immer überwunden,
doch allein der Glückliche war. Was war alfo die
Frucht aller diefer vielfachen Uebel? der Königstitel,
welchen der Ryswiker Friede Wilhelmen von Naffau auf immer beftättigte. Wenn man fieht, wie
fich die blinden Sterblichen fo untereinander auf-
reiben, um den Ehrgeiz eines Menfchen zu be-

friedigen; wie Sieger und Besiegte gleich unglücklich sind, und nur ein Einziger glücklich ist, oder
zu seyn glaubt; sieht man dann nicht das Bild
des Chymisten, welcher sein Haab und Gut in einem Tiegel zusammen schmelzen läßt, der ihm, trotz
seiner Kunst, nie Gold liefern wird?

Lothringen allein ward durch diesen Frieden glücklich, es gewann das größte der Güter: einen guten
Fürsten. Leopold erhielt die Erbschaft seiner Väter
zurück, aber seine Festungen wurden geschleift. Unnütze Vorsicht des Ryswiker Friedens! Leopold war
Freund, Vater und Bruder seiner Unterthanen, er
konnte Wälle und Ringmauern entbehren. Die Fürsten durch die Liebe ihrer Völker, die Völker durch
die Tugenden ihrer Fürsten geschützt; welcher Nach-
bar wird es wagen, eine so ehrwürdige Feste an-
zugreifen? So fesselte, von furchtbaren Mächten
umringt, Leopold in offenen Städten Ueberfluß,
Reichthum, gute Sitten und Glück, welche nie vorher im Schatten ihrer alten festen Thürme sich gelagert hatten. Er konnte als König und Mensch
zum Muster dienen; zwey Eigenschaften, welche
die Menschheit in den Großen immer so begierig
sucht, und außer Leopold so selten findet.

Ich habe dieses Lothringen selbst gesehen, und
die Gutherzigkeit seiner Bewohner hat seinen Namen mit unauslöschlichen Zügen in mein Herz gegraben. Unter ihnen habe ich Frankreichs Fesseln

fallen sehen, unter ihren Fahnen trug ich zum Er-
stenmal das Ehrenvolle Gewand meiner Nation,
in Gegenwart ihrer vereinigten Departements sang
ich zum Erstenmale die Freiheit meines Vaterlandes.
Welche Wohlthaten! warum sollte ich ihrer nicht
erwähnen? Die Dankbarkeit des Schrifftstellers muß
öffentlich seyn wie seine Schrifften.

Leopold und seine Wohlthaten leben noch in den
Denkmälern dieses Landes. Wohl muste dieser
Fürst grosse Tugenden besitzen, da auch Stanislaus
ihn nicht vergessen machen konnte.

Dieser Stanislaus richtete seine kühnen Wünsche
noch nicht auf den Thron, als August von Sach-
sen, sein Mitbuhler, den Sieg über den Prinzen
von Conti davon trug, welchen eine mächtige Parthey, Ludwigs Interesse, und die Geschicklichkeit
des Abbe von Polignac unnützerweise nach Pohlen
rief. König ohne Krone, kehrte Conti zurück an
einen Hof, welchen die Freuden beym Anblick der
strengen Maintenon verlassen hatten. Athenäis von
Rochechouart, Herzoginn von Montespan hatte
endlich dem Uebergewicht ihrer Nebenbuhlerinn wei-
chen müssen. Diese berühmte Favoritinn ward nicht
eher mit den Tugenden vertraut, als bis sie sie alle
mit Füssen getreten hatte. Gewissensbisse folgten
ihr in ihre Einöde. Als untreue Gattinn, herrschsüchtige Geliebte, und schlechte Staatsbürgerinn,
war sie zur Quaal ihres Gatten, ihres Geliebten,

und Frankreichs gebohren. Oft war sie ihr eigner
Henker, und ihr Character verursachte ihr eben so
viele Leiden, als er andern unerträglich war. Madam de Fontanges, die eben nicht ihre Nachfolge-
rinn war, aber doch eine Lücke in der Gunst machte,
deren sie genoß, ließ ihr jene weiblichen Demüthi-
gungen hundertfältig entgelten, welche die Weiber
unter sich als tödtliche Beleidigungen fühlen. Ja
man kann sagen, daß Madam de Fontanges, während ihrer flüchtigen Grösse, Niemand drückte, als
Madame de Montespan; denn sie besaß nicht Verstand genug um boshaft zu seyn.

Athenäis von Rochechouart hatte nicht Lust ihre
letzten Tage ungenutzt in einem Kloster zu begraben.
Selten führt ächte Frömmigkeit die berühmten Fa-
voritinnen in die Einsamkeit. Wenn sie sich einsperren, so geschieht es, um dem Publikum nicht
das Schauspiel ihres gedemüthigten Stolzes Preiß
zu geben. Sie thun es, nicht um die Blicke Gottes zu suchen, sondern um die Blicke der Menschen zu fliehen. Wenn man das menschliche
Herz ein wenig kennt, so läßt man sich schwerlich
durch die schnellen Bekehrungen hintergehen, durch
welche man die Gnade Gottes zu erlangen sucht,
wenn man die Gnade der Menschen verlohren hat.
Frau von Montespan war aufrichtiger, und, was
diesen Punct betrifft, achtungswürdig. Nachdem
sie Ludwigs Herz verlohren, so wagte sie es, der
Mensch-

Menschlichkeit diejenige Zeit ersetzen zu wollen, wel=
che eitler Glanz ihr entrissen hatte. Sie zeigt sich
als Königinn, mitten in der Hauptstadt, welcher
sie so oft durch ihren zügellosen Luxus ein Aerger=
niß gegeben hatte: und gerade dann, als Ludwigs
Ungnade am höchsten gestiegen war, schüttete sie
in den Schoos der Armen das Gold, welches ihr
königlicher Liebhaber oft schaamlos den Armen ent=
riß, um Gunstbezeugungen dadurch zu erkaufen.
So darf man mit Ehren den Schleyer der Ver=
gessenheit über eine entehrende Laufbahn werfen;
Madam de Montespan war ihrer Grösse nicht eher
würdig, als nachdem sie aus den Wohnungen der
Grösse verbannt worden war.

Ihre Schönheit hatte Ludwigs Herz erobert;
Frau von Maintenon gieng einen eignen Weg,
durch Widersprüche machte sie sich Meisterinn des=
selben; sie wußte sehr geschickt durch Widerstand
und Weigerungen zu locken, wuste die Honigsprache
der Frömmigkeit zu reden, welche dem unentreißba=
ren Geständnisse einer eingeschlossenen Flamme so
viel Sanftheit leiht; sie bediente sich all der Gewalt
einer ausgelernten Koketterie, um ihren Sklaven
noch fester in Liebesbande zu verstricken, und so
endlich den König zu dem Ziele zu führen, welches
ihr Ehrgeitz sich aufgesteckt hatte.

Welch' eine sonderbare Krankheit ist doch dieser
Ehrgeitz! Mademoisell d'Aubigny, Scarrons dürf=

tige Gattinn, war, ihrem eignen Geständniß zufolge, hundertmal glücklicher in ihrer Dunkelheit. Sie
legte Ludwig dem Vierzehnten ihre Fesseln an, und
schleppte dagegen selbst die Fesseln der Langenweile.
Um die Möglichkeit dieses Widerspruchs, zwischen
dem Verlangen nach Glück, welches allen Menschen
so natürlich ist, und dem Zurückstoßen dieses Glücks,
dessen Frau von Maintenon sich schuldig machte, wohl
einzusehen, muß man wissen, was die Begierde, ein
Weib zu erniedrigen, über ein anderes Weib vermag, und welch' eine äusserliche Wichtigkeit, eine
Fromme von Handwerk auf die Seligkeit ihres
Nächsten setzt, o alsdann ist kein Opfer zu groß!
Sie heyrathete Ludwig den Vierzehnten, das war
alles was sie gewollt hatte. Es war drollig genug,
den Zweig einer Familie im Ehebette des Königes
zu sehen, deren Glauben dieser nemliche König verfolgt hatte; ein Geschöpf im Gefängniß gebohren,
in welchem ihr Vater und ihre Mutter, auf Befehl
dieses nemlichen Königs, gefangen gehalten wurden. Das ist eine von den königlichen Inconsequenzen, an welche zu erinnern nicht undienlich seyn
mag. Frau von Maintenon stürzte Frau von Montespan, und doch war es Frau von Montespan,
die jene aus der Dürftigkeit gezogen hatte, indem
sie ihr von Ludwig dem Vierzehnten eine, lange Zeit, und mit Härte versagte Pension auswürckte.
Durch eine Schmeicheley erhielt sie diese Gnade

von ihrer Wohlthäterinn, und sie bediente sich derselben um jene zu stürzen. Das ist eine von den gewöhnlichen Undankbarkeiten in der Welt, welche kaum
bemerkt zu werden verdienen würde, wenn man
es nicht der Erhabenheit der Religion schuldig wäre,
in Erinnerung zu bringen, daß es eine Fromme
war, welche diese Undankbarkeit begieng. Frau
von Maintenon hatte nur eine halbe schöne Seele.
Als Scarrons Gattin, jung, artig und geistreich,
erwarb ihr der widrige Anblick ihres Mannes,
und der Anstrich von Kummer, der ihre Reitze
überschattete, überall Freunde. Als sie nachher all-
mächtig geworden war, hatte sie kaum den Muth
sich dieser Freunde zu erinnern, und nie die Großmuth, sie bey einem herrschsüchtigen Herrn zu vertheidigen. Sie liebte den Kardinal von Noailles,
aber je mehr Tugenden er sich erwarb, je mehr
entfernte sie sich von ihm. Sie liebte Racine, und
verursachte durch ihre Unvorsichtigkeit seinen Tod. Sie
liebte den Heldenmuth, doch besaß sie nicht das
feine Gefühl, welches große Männer errathen lehrt,
wohl aber die Ungeschicklichkeit, große Männer ein-
zubüßen. So waren zum Beyspiel Chamillart und
Marsin Helden durch sie, Vendome und Catinat unglücklich durch sie. Ihre Mildthätigkeit war ari-
stocratisch gesinnt, die unadeliche Dürftigkeit durfte
keinen Anspruch auf ihr Mitleid machen. Diesem
Grundsatz getreu, pflanzte sie den Stolz von St.

tir auf die Gefilde des Evangeliums, und raubte der
Menschheit adeliche Töchter, welche die Dürftigkeit
in den Schoos der Natur zurück gerufen haben
würde, statt daß sie nun durch den Glanz unnützer
Talente, wieder eine eitle Figur in der Welt spielen mußten. Mit einem Worte: Frau von Maintenon war das, was alle Mittelwesen zu seyn pflegen, über ihr Glück erhaben, so lange sie in der
Dunkelheit lebte; aber tief unter ihrem Glücke, sobald sie empor stieg; sie bestätigte den Ausspruch
des Aristoteles: „immer steht eine Tugend zwischen
zwey Schwachheiten.‟

Nichts ist auffallender, als die Art wie ehrgeitzige
Priester die Religion reden lassen, oder vielmehr,
wie sie dieselbe mit ihrem Vortheil zu vereinigen
wissen. Ludwig der Vierzehnte verliebte sich in
Madam Scarron. Der Pater la Chaise suchte der
Frau von Maintenon zu gefallen, die ihn nicht
leiden konnte. Er fühlte wohl, daß, um seinen
Platz zu behaupten, der Gewissensrath gut mit
dem Herzensrath stehen müsse. Er wuste auch,
daß man den Königen nicht besser schmeicheln kann,
als wenn man ihnen räth das zu thun, wozu sie
ohnehin schon Lust hatten; und wenn man von den
Lippen der Vernunft die Sprache der Leidenschaften
des Herzens ertönen läßt. Daher suchte er dem Könige Gewissensbisse zu erwecken, und fand Bedenk-
lichkeiten bey einer Sache, welche der König sein

ganzes Leben hindurch ohne alle Bedenklichkeit gethan hatte. Oeffentlich mit der Frau eines andern
leben, schien ihm ein Stein des Anstoffens. Man
ließ das Wort Aergerniß, dieses Feldgeschrey der
Frömmlinge, ertönen. Um nun alles Aergerniß zu
vermeiden, heyrathete Ludwig der Vierzehnte Frau
von Maintenon. Ganz vortreflich! Da aber die
Verbindung nur ins geheim vollzogen wurde, so
blieb das Aergerniß immer daselbe. Was ist daran
gelegen? War doch die Heyrath glücklich vollbracht.
Das Aergerniß war nur das Gerüste dessen sich der
Ehrgeiz bediente, sein Gebäude zu errichten; wenn
das Gebäude fertig ist, wirft man das Gerüste weg.
O Religion! wie oft hast du schon den Planschmie-
dern und Priestern des Hofes aus der Noth ge-
holfen.

Doch schon begann das Alter Ludwig dem Vierzehnten die Unsterblichkeit streitig zu machen, und
schon erblickt das Auge des Beobachters hinter dem
Schleyer welchen die Hand der Zeit aufschob, jene
letzte Freystadt, in welcher die Natur das Decret
der Gleichheit aller Menschen gab, und geltend zu
machen weiß, und wo der Tod dieses Decret den
Königen zur Sanction überreicht. Die ersten Kenn-
zeichen des herannahenden Alters kündigten sich durch
eine Krankheit an, die um so gefährlicher war, weil
sie von der Wundarzneykunst wenig hoffen durfte;
Ludwig bekam eine Fistel. Der Wundarzt Felix

lief zu jedem Unglücklichen, der an diesem Uebel
krankte, um die Kunst es zu heilen dort zu erhaschen,
und auf Kosten der Menschheit, durch Leiden
und Schmerzen welche von ersten Versuchen unzertrennlich sind, den Ehrennamen Retter eines Königs zu erringen. Es gelang ihm, und sein Name
war berühmt.

Diese Krankheit versetzte das ganze Reich in die
lebhafteste Unruhe. Wunderliche Laune des menschlichen Geistes! als er hernach im Jahr 1715 würklich starb, ward er kaum bedauert. Indessen hätte
doch sein Tod im Jahr 1686, als diese Krankheit
ihn ergriff, weit weniger traurige Folgen nach sich
gezogen. Er besaß damals eine zahlreiche Nachkommenschaft, man durfte keine Regentschaft fürchten. Ludwig, der Dauphin, vermählt mit Christine
von Bayern, und bereits Vater der Herzoge von
Burgund, Anjou und Berri, besaß überdieß alle
Tugenden, welche das Volk über den Verlust
des Königs trösten konnten. Laßt es uns zur Schande der Menschheit gestehen: man bedauerte Ludwig
den Vierzehnten, weil er noch nicht unglücklich gewesen war. Aber schon naht der Augenblick, in
welchem das Unglück ihn mit allen gefühlvollen Herzen aussöhnen wird.

Der Rysswiker Friede war nur ein Waffenstill-
stand, der durch den Tod Carls des Zweyten, Königs von Spanien gebrochen wurde. Er hinterließ

keine Kinder, und die beyden größten Throne von
Europa verschlangen schon im voraus diese ansehn-
liche Erbschaft. Der Kaiser und der König von
Frankreich standen von Seiten der Weiber in gleichem Grade der Verwandschaft, der römische König
und der Dauphin hatten folglich dieselben Rechte;
nur mit dem einzigen Unterschiede, daß die spanisch-
österreichischen Prinzeßinnen, welche in das Haus
von Bourbon geheyrathet hatten, die ältern Schwestern waren; jene hingegen, welche den Thron von
Deutschland bestiegen, die jüngern. Aber Ludwig
der Dreizehnte und Ludwig der Vierzehnte hatten
der spanischen Erbfolge förmlich entsagt; die Erzher-
zoge von Oesterreich hatten überdieß Blut und Namen für sich anzuführen, und die Geschichte, welche
der Wahrheit huldigen muß, darf nicht verschweigen, daß auch Vernunft, Natur, und Treu und
Glaube der Tractate auf ihrer Seite waren. Das
half aber alles nichts. Es ist einzig in seiner Art,
Ludwig den Vierzehnten wütend für eine Sache
fechten zu sehen, welche durch die ältesten und heiligsten Grundsätze seines eignen Reichs für offenbar
ungerecht erklärt wurde. Denn der grosse Succeß-
sionsstreit der Valois war diesem ganz ähnlich, und
wenn Ludwig der Vierzehnte mit Recht Anspruch
auf den spanischen Thron machen zu können glaubte,
so war ja das salische Gesetz, welches die Eduarde
von Frankreichs Throne ausschloß, ungerecht. So

ift der Eigennutz gewöhnlich das Gesetz der Grossen,
und das würkliche Gesetz nur Vorwand.

Die Lage des unglücklichen Carls des Zweyten,
Königs von Spanien, war bedauernswürdig. Noch
lebend erfuhr er schon die Kränkung, welche man
sonst nur den Todten anthut, nemlich, man theilte
geizig seine Güter. O ihr Könige! freut euch nur
eurer Grösse, auf dem Sterbebette bleibt ihr allein,
und seht nichts um euch, als die kalte Politik, welche mit eigennütziger Hand das Stundenglas hält,
und Sandkorn für Sandkorn euern letzten Augenblick mißt, bis ihr endlich hinab steigt in die Gruft,
welche die Gleichgültigkeit unter euern Füssen öfnet,
und die Vergessenheit wieder zuschließt..

· Ach! in dem schrecklichen Augenblicke, wo Carl
verlassen, ohne Verwandte, ohne Freunde, die Könige von Europa gierig auf seine unermeßliche
Beute lauern sah, ohne aus seinem Tode die Lehre
zu schöpfen, daß einst auch ihnen kaum sechs Fuß
Erdreich übrig bleiben werde, um ihren Sarg zu
decken; in dem nemlichen Augenblicke verschied Alvar, ein unbekannter Sterblicher, vergessen von
der Geschichte, denn er besaß nur Tugenden. Carl
hinterließ nur einen Thron, Alvar hinterließ einen
Freund. Verborgen in den glücklichen Thälern von
Altkastilien, war ein Feld all seine Haabe, und
ein Herz all seine Freuden. Er hatte in seiner Jugend die brennenden Gefilde besucht, welche die

ewig beschneyten Gipfel der stolzen Cordilleras umgeben, bald aber floh er diese stummen, doch un-
vergänglichen Zeugen der blutdürstigen Wuth des
geitzigen Spaniers, und kam Ruhe zu suchen im
Schatten der Wälder, welche einst durch die Gegenwart des Sertorius geheiligt wurden. Dort
sah er zum erstenmale Perez. Perez besaß nur ein
Herz, Alvar nur eine Hütte.

„Laß uns unsere Armuth zusammen legen“ spra-
chen sie untereinander, und die Natur unterzeichnete
diese gesellschaftliche Verbindung. Ihre Freundschaft
wuchs täglich dreyßig Jahre lang, nicht also ihr
Vermögen. Gold ist nur Bedürfniß für kalte Herzen. Jeder Tag ist kostbar, an welchem man einem
Freunde ins Auge blicken darf. Dieses Band, dieses süße Band, ward endlich von der Scheere der
Parze berührt. Alvar unterlag, ein hitziges Fieber
verzehrte seine Kräfte, und kaum behielt seine ent-
fleischte Hand Kraft genug, um die Hand des unglücklichen Perez zum letztenmale zu drücken. „Leb
wohl“ sprach er, „ich sterbe, du überlebst mich
„und bist allein zu beklagen. Ich hinterlasse dir
„dieses Strohdach, du wirst ungern darunter ver=
weilen, weil dein Freund es nicht mehr theilt.“
„Ach! rief Perez, deines Lebens Gefährte soll nicht
„an Edelmuth von dir übertroffen werden. Der
„lebende Perez erbt Alvars Güter. Der sterbende
„Alvar soll erben was dem unglücklichen Perez noch

„übrig bleibt." Bey diesen Worten hebt er den Thränen schweren Blick auf seinen Freund, Alvar ist nicht mehr, und Perez sinkt tod an seiner Seite nieder. — O Carl! Alvar trug nicht Spaniens Krone, aber Perez stirbt an seiner Seite — Alvar ist glücklicher als du.

Wilhelm fürchtete eben so sehr Spaniens Scepter mit dem Kaiserthron, als mit dem Thron von Frankreich vereinigt zu sehen. Er suchte ein Mittel, den größten Theil der spanischen Monarchie in andere Hände zu spielen. Ein junger Prinz von Bayern, Abkömmling Philipps des Vierten von mütterlicher Seite, denn seine Mutter war eine Tochter des Kaisers Leopold, schien ihm geschickt, an der Spitze dieser Intrigue zu stehen. Diesem Entwurf zufolge, sollte der Erzherzog Carl Mayland erhalten; Frankreich Neapel, Sicilien, und die Provinz Guipuscoa, und der junge bayrische Prinz alles übrige. Der Plan wurde von Frankreich, England und Holland genehmigt, alle drey verbanden sich durch einen Tractat zu dessen Ausführung. Carl der Zweyte welcher noch lebte, vereitelte ihre Absichten, und indem er diesen nemlichen jungen Prinzen von Bayern für seinen Nachfolger und Erben aller seiner Staaten erklärte, welchem die Verbündeten nur einen Theil seiner Besitzungen zugedacht hatten, rächte er sich zugleich an dem Kaiser, der sich dem Bunde nicht widersetzt hatte, und an dem

Könige von Frankreich, der ihm beygetreten war.
Die Vorsehung war aber noch anderer Meinung:
der bestimmte Erbe starb noch vor dem Erblasser.

Nun muste man einen neuen Weg einschlagen. Aber
das unbesonnene Geschwätz eines Menschen that
plötzlich mehr, als die politische Verbindungen aller
Kabinetter von Europa. Der Erzherzog Carl der
Zweyte Sohn des Kaisers Leopold, auf welchen
der sterbende König sein Auge geworfen hatte, um
ihn auf den Thron zu berufen, sprach verächtlich
von der spanischen Nation. Der Gesandte von
Madrid am Wiener Hofe, hinterbrachte sogleich
die ausgestoßenen Worte mit dem seinem Vaterlande
eigenen Stolze. Zu gleicher Zeit gewann der französische Gesandte in Spanien, der Marquis d'Harcour,
alle Herzen, durch Sanftmuth und liebenswürdigen
Geist, lauter Eigenschaften, welche den Franzosen
angebohren werden. Der König schwankte noch.
Der Kardinal von Portocarrero, der Graf von
Monterey und einige andere überredeten ihn endlich.
Sie ebneten jeden Zweifel, und der Pabst, welcher
den Oesterreichern nicht günstig war, versicherte den
alten König, es sey Gottes Wille, daß er seine
rechtmäßigen Erben in ihrer Hofnung täuschen solle.
Das Testament kam zu Stande, und der Herzog
von Anjou, Enkel Ludwigs des Vierzehnten, ward
auf den Thron von Spanien gerufen. Einen Mo-

nat nachher stieg Carl der Zweyte in die Gruft des
Escurials hinab.

Ludwig der Vierzehnte war alt geworden, aber
sein Stolz blieb noch immer jung; auch bey dieser
Gelegenheit gab er Beweise davon. Man überlegte
in dem Kabinet von Versailles, ob es besser sey,
sich an den von dem Könige entworfenen Theilungs=
tractat zu halten, oder das Testament anzunehmen?
Ludwig entschied, troß aller Widersprüche für das
leßtere. Er war so von der Königswürde einge=
nommen, daß er gern allen Völkern Könige ge=
liefert hätte. Er nahm also das Testament an,
und mit ihm den Unstern von Frankreich, den
Brand von ganz Europa, und das Unglück Philipps
des Fünften.

Es war ihm noch nicht genug, würklich Könige
zu machen, auch seine Phantasie wollte Könige
schaffen. Jakob, der Entthronte, starb, und hin=
terließ seinem Sohne nichts als einen Titel, dessen
er sich immerhin bedienen konnte, wenn er Lust
hatte, welchen aber ihm förmlich zu verleihen, in
dieser Lage nicht weislich gehandelt war. Ludwig
der Vierzehnte war der Einzige der anders dachte.
Die Schmeicheley und Voltaire seßen diese Hals=
starrigkeit auf Rechnung seiner Wohlthätigkeit. Als
ob eine Handlung diesen Namen verdiente, welche
seinem Volke Feinde zuzieht, lediglich um eine kin=
dische Eitelkeit zu befriedigen. Die ehrlichsten Leute,

unter andern der Herzog von Beauvilliers, Gouverneur des Herzogs von Burgund, redeten im ge-
heimen Rath stark und kräftig gegen diesen Entschluß
Ludwigs des Vierzehnten. Er ergab sich endlich den
vereinigten Vorstellungen; aber kann man sich wohl
auf einen Menschen verlassen, dessen beyde Ohren
verkauft sind, das eine den Eingebungen des Stolzes, und das andere den Zubläsereyen der Weiber?
Die Königinn von England weinte, Frau von
Maintenon stellte sich als ob sie weine, und der
Prinz von Wallis wurde an dem nemlichen Tage
zum Könige von England ausgerufen, an welchem
der geheime Rath von Versailles ihn der Krone beraubte. In allem diesen findet man leicht den Character
Ludwigs des Vierzehnten wieder, aber wahrhaftig
nicht jenen richtigen Ueberblick in politischen Geschäften, welchen die Schriftsteller ihm gemeiniglich
so verschwenderisch zuschreiben.

Diese eben so fruchtlose als zu unrechter Zeit erwiesene Beleidigung, jagte die Engländer vollends in Harnisch, die bisher noch geschwankt, und dadurch die Erfüllung von Wilhelms Verlangen, noch einmal gegen Ludwig den Vierzehnten zu fechten, verzögert
hatten. Der Kaiser erhielt von Wilhelm das Versprechen, England, Holland und Dännemark für
seinen Vortheil zu bewaffnen, aber das Parlament
in London versagte die Subsidien. Ludwigs Un-
klugheit, da er den Prinzen von Wallis als König

anerkannte, bewog endlich das Parlament, den Entwürfen Wilhelms beyzutreten, und der Krieg ward beschlossen.

Ludwig der Vierzehnte fürchtete sich wenig vor dessen Folgen. Alles schien seinem Enkel eine ziemlich ruhige Thronbesteigung von Spanien zu versprechen. Man konnte sich auf den Churfürsten von Bayern verlassen, der Statthalter der Niederlande, und Vater jenes jungen bayrischen Prinzen war, welcher kurze Zeit nachdem Carl der Zweyte ihn zu seinem Nachfolger ernannt hatte, starb. Man konnte auch auf den Herzog von Savoyen zählen, den Schwiegervater des Herzogs von Burgund, und des neuen Königs von Spanien. Der Herzog von Mantua hatte sich erkaufen lassen. Mayland hatte den Herzog von Anjou anerkannt, und selbst Portugall war ihm nicht entgegen.

Die Art und Weise wie Ludwig die neue Macht seines Enkels zu befestigen suchte, enthielt bis jezt nichts als Grundsätze einer gesunden Politik; aber bald nahm er auch noch zu andern Mitteln seine Zuflucht, welche die Rechtschaffenheit nicht gleichergestalt billigt, er theilte nemlich Geld aus, um fremde Unterthanen zu bestechen, ein Hülfsmittel, dessen sich die Könige nur zu oft bedienen, und noch immer nicht darüber zu erröthen gelernt haben. Es ist gewiß, daß Ludwig unter die Gründe, welche ihn in dieser Lage beruhigten, auch die Hoffnung zählte, bey einigen Gliedern des englischen Parlaments feile Gewissen zu finden.

Wie oft hat man nicht wiederholt: die Politik sey die Tugend grosser Fürsten. Eine drollige Tugend! sie erlaubt sich Handlungen vor welchen der Privatmann zurückschaudert. Wer könnte mit kaltem Blute hingehen, und die Bediente seines Nachbars bezahlen, um ihrem Herrn zu schaden? kein obwaltender Proceß vermögte ein solches Verbrechen zu entschuldigen. In der Diplomatik handelt man aber alle Tage so. Nein, nimmer werde ich glauben, die Wohlfahrt der Reiche, oder ihr wechselseitiges Interesse, erheische jemals die Herabwürdigung der Nationen zu diesen schändlichen Mitteln. Auswärts bestechen, heißt seine eigenen Thore der Bestechung öffnen. Ungerechtigkeit erkauft Verrätherey, und der Lohn der Verrätherey enthüllt das Bedürfniß der Ungerechtigkeit.

Das Gewitter zog herauf. Holland machte sich anheischig 100,000 Mann zu liefern; England 50,000, der Kaiser 24,000. Zu diesen furchtbaren Zurüstungen gesellte man noch geheime Verbindungen in Spanien; das politische Interesse Portugalls, welches dasselbe bald an das Haus Oesterreich fesseln muste; Venedigs Zuverlässigkeit in Ausübung der Tractate, welche diese Republick an den Wiener Hof banden, und ihm die Thore von Italien öffne-

ten; und endlich auch noch die Hoffnung, sogar die
Macht von Savoyen in das Bündniß zu ziehen, eine
Hoffnung, die sich theils auf Amadeus Leichtsinn
gründete, theils auf seine Empfindlichkeit, die schon
verschiedene male durch den Uebermuth seiner Schwie=
gersöhne gereizt worden war.   So schien alles
Ludwig dem Vierzehnten Unglück zu verkünden:
der gröste Theil der europäischen Mächte seine Fein=
de; das Kabinet von Versailles im Sinken be=
griffen, weil die grossen Männer darinn von Tage
zu Tage seltener wurden;   auch sein bis jetzt unun=
terbrochenes Glück war einer seine Feinde, denn
die noch am wenigsten gefährliche Würkungen des=
selben, ist, daß es die Klugheit und Vorsicht ein=
schläfert. Indessen war der einzige Mensch, der über
Ludwigs Unglück Freude empfunden haben würde,
nicht mehr Zeuge desselben.   Ludwig der Vierzehnte
fieng an zu erfahren, was Demüthigung sey, und
Wilhelm starb.

Wilhelm wäre weniger groß geworden, wäre nicht
Ludwig der Vierzehnte sein Zeitgenosse gewesen. Lud=
wig der Vierzehnte hingegen wäre grösser geworden,
hätte er nicht mit Wilhelm in einem Jahrhunderte ge=
lebt. Ludwigs Haß entwickelte Wilhelms Tugenden;
Wilhelms Haß erstickte Ludwigs Tugenden. Doch viel=
leicht ist dieses Urtheil nicht ganz billig, weil, wenn von
zwey gleichen Nebenbuhlern die Rede ist, man im=
mer den Unglücklichen vorzieht. Cäsars Siege flössen
uns

uns Liebe für Pompejus ein. Die Verschiedenheit
des Schicksals dieser beyden Fürsten ist so ausge=
zeichnet, daß der einzige ungerechte Krieg, welchen
Wilhelm je unternahm, der Einzige war, wo das
Glück an seiner Seite focht; und der einzige ge=
rechte Krieg den Ludwig je führte, der Einzige
wo das Glück ihn floh. Das wäre metaphysisch
betrachtet hinreichend, um zu glauben, daß Wilhelm
besser wär, als Ludwig der Vierzehnte. Wie dem
auch sey, Nassau war nur Ueberwinder, als er sei=
nen Schwiegervater entthronte, und Bourbon wur=
de nur besiegt, als er seinen Enkel auf den Thron von
Spanien setzte; und diese Bemerkung ist nicht gleich=
gültig, in dem Parrallele, welches wir zwischen die=
sen beyden berühmten Männern gezogen haben.

Ein neues Jahrhundert ward gebohren. Erstau=
nenswürdiges Jahrhundert, dessen erhabene Be=
stimmung war, die größten Könige der Welt, und
die edelste Anstrengung der Völker hervorzubringen.
Dieses Jahrhundert hat für immer den Satz be=
wiesen, daß die Extremen sich berühren. Nie
hatte noch die Sklaverey tiefer gewurzelt, und nie
erschien die Freiheit in grösserem Glanze. Auf einer
Seite der sechzigjährige Ludwig der Vierzehnte, der
mit entnervtem Arm das Gebäude seines Ruhms zu
stützen strebt, welches mit Geprassel unter ihm zu=
sammen stürzt, auf dessen Trümmern aber noch
immer hoher Sinn eingegraben steht; auf der an=

dern Seite gründet Peter der Grosse mit schöpfe-
rischer Hand den Tempel der Künste auf dem ewigen Eise des Nordpols, und tauscht die eisernen
Ketten der Russen, welche jene Tyrannen, die an
Rauhheit ihrem Klima gleichen, ihnen einst anleg-
ten, gegen die goldenen Fesseln, welche er bey ge-
bildeten Nationen hohlt. Dort schleppt Carl der
Zwölfte an seinem Triumphwagen, Wuth, Mord-
lust und Thorheit und wird dem Philosophen ein Gegenstand des Mitleids, der Menschheit ein Schrecken,
und den Türken ein Spott. Hier schlummert Ludwig
der Fünfzehnte wollüstig im Schatten des bleyernen
Jochs, an welches Minister, Maitressen und Günst-
linge ihn schmiedeten. Dort herrscht Maria Theresia,
mehr Despotin vielleicht durch den Prunk ihrer Tugenden als die Tyrannen es durch ihre Laster werden. Hier thront Friedrich, jener grosse Geist, das
letzte Werkzeug, dessen sich Despotismus bediente,
um die Sklaverey immer an den Erdboden zu fesseln, weil Friedrich so sehr Philosoph war, daß
man oft den König darüber vergaß. Dort zerbre-
chen plötzlich Amerika und Frankreich ihre Fesseln,
und berufen alle Sterblichen zu der Ehre Menschen
zu seyn. Denkwürdiges Jahrhundert! Grosses
Schlachtfeld! auf welchem Amerikaner und Franzosen edelherzig gegen die Weltunterdrücker kämpfen,
und die Nationen rächen, indem sie ihnen ein Beyspiel aufstellen. Glänzendes Jahrhundert! werde

der Nachkommenschaft für immer ein Buch des Schicksals; sie lese darinn ihre Rechte und ihre Pflichten.

Ludwig der Vierzehnte sah sich jetzt genöthigt eine Bemerkung zu machen, welche die Könige sonst nie zu machen pflegen, nemlich: daß der Verlust eines Menschen oft den Verlust ihres Reichs nach sich ziehen kann. Als der Abbé von Savoye Frankreich verließ, sagte Ludwig der Vierzehnte zu seinen Höflingen mit jener stolzen Jronie, welche das gewöhnliche Erbtheil der willkührlichen Gewalt zu seyn pflegt: „meinet ihr nicht: daß ich da einen grossen Verlust erlitten habe?" und die feigen Höflinge lächelten zu diesem unmenschlichen Spott, welchen selbst der Verlust des letzten Unterthanen, der dem Staate von gar keinem Nutzen ist, nicht entschuldigt haben würde; sie lächelten und mahlten mit den stärksten Farben die Fehler des Abbé von Savoye. Und man wundert sich noch über die Fehler der Könige? bedenkt man denn nicht, daß der Stolz der Könige und die Niederträchtigkeit ihrer Schmeichler sich so innig liebkosen, daß es schwer wird, zwischen beyden hindurch zu schlüpfen? Dieser so verspottete Abbé von Savoye, häufte indessen doch durch sein Genie die schreckliche Masse der Widerwärtigkeiten Frankreichs, und der Tag seiner Rache kam.

10.

Der Krieg hatte seinen Ursprung in Italien genommen, und die militärische Disciplin war zu Versailles in den Armen Chamillards gestorben. Sogar bis in die Bewaffnung der Krieger hatte sich
die Käuflichkeit eingeschlichen. Unglückliche Epoche!
in welcher die Leiden des französischen Soldaten
ihren Anfang nahmen, Leiden, die selbst mitten
in Frankreich unbekannt blieben, weil nur der Soldat Muth genug besaß, zu dulden ohne zu klagen.
Hier seht ihr den Ursprung jener Bewegungen,
welche man, seit der wieder eroberten Freiheit, Auf-
ruhr gescholten hat, weil das bisherige Schweigen
des Soldaten den Glauben veranlaßt hatte, diese
Klasse habe weniger Beschwerden, da sie doch im
Gegentheil noch weit mehrere beleidigende Unterdrückungen zu rächen hatte. Um gerecht zu seyn,
müssen wir, weit entfernt dem gemeinen Soldaten,
um einiger vergrösserter Unruhen willen, des Auf-
ruhrs zu beschuldigen, vielmehr ihm die erstaunens-
würdige Mässigung danken, mit welcher er sich
betrug als die Freiheit am Horizont herauf stieg,
und laßt uns nicht vergessen, daß wenn man in
Frankreich e i n e n Tyrannen auf hundert Bürger
rechnen konnte, man im Gegentheil auch wieder h u n-
d e r t Tyrannen auf einen Soldaten rechnen mußte.

Zu Ende des verflossenen Jahrhunderts wurde jedem unerfahrnen Jünglinge ein Regiment anvertraut,
wenn er es nur kaufen konnte. Von dieser Zeit

an, brachten achtzehnjährige Knaben die Unbesonnenheit ihres Alters, den Stolz auf ihre Geburt, zü-
gellose Leidenschaften, das böse Beyspiel der Laster
des Hofes, und oft auch eine ganz vernachläßigte
Erziehung mit an die Spitze des Corps, zu dessen
Befehlshabern man sie für ihr baares Geld gemacht
hatte. Nach und nach bestand die Armee nicht mehr
aus einer Vereinigung muthiger Krieger, dem
Dienste des Vaterlands geweiht, sondern aus einer
Handlungsspeculation, zur Bereicherung einiger Geiz-
hälse. Die Regimenter waren nie vollzählig, weil der
Gehalt der erledigten Stellen unter den Officieren, dem
Minister zu gute kam, und weil der Sold der fehlenden
Soldaten in den Compagnien, in die Tasche des
Hauptmanns fiel. Kleider und Waffen wurden immer
schlechter, weil die Lieferanten sie zu niedrigen Preisen aus den Manufacturen kauften, um sie zu den
damals gewöhnlichen Preisen den Truppen wieder
zu verkaufen. Der Minister betrog den König, der
doch immer dieselben Summen für seine Armee
zahlen mußte. Die Officiere betrogen die Minister,
die Sergeanten die Officiere, und die unglücklichen
Soldaten, die niemanden mehr unter sich hätten,
den sie betrügen konnten, waren die einzigen
Schlachtopfer aller dieser Veruntreuungen, welche
durch so viele Sprünge vom Throne bis zu ihnen
herab stiegen.

10

Natürlich mußte die Kriegszucht darunter leiden,
da sie sich blos auf Vertrauen gründet, das Vertrauen verschwindet aber zugleich mit der Hochachtung, und diese letztere hört auf, wo Eigennutz die
Stelle der Großmuth einnimmt. Der Soldat gehorcht wider Willen dem, welchen er mit seiner
Beute beladen sieht. Zur Vergeltung setzt dieser,
weil er sich innerlich schuldig fühlt, die Gewalt an
die Stelle der Pflicht, und so entspringt Unterdrückung. Ein zweytes Uebel war die Herabwürdigung militärischer Belohnungen. Kaum war der
Ludwigsorden geschaffen, so wurde er auch schon an
den Meistbietenden verkauft. Man kaufte die Or-
denskreutze im Kriegskollegium für 6 Louisd'or, und
die Spasvögel jener Zeit nannten solche Ritter les
Chevaliers des onze. Was würden sie nicht erst
gesagt haben, wenn sie in der Folge dieses kriegerische Ehrenzeichen auf der niederträchtigen Brust
eines Polizeybeamten erblickt hätten? Das Lud-
wigskreutz im Knopfloch eines solchen Menschen, ist
eine Lilie am Busen eines Freudenmädchens.

Zu allen diesen Symptomen der Hinfälligkeit Ludwigs des Vierzehnten gesellte sich noch die Dienst-
barkeit, in welcher das Ministerium die Generäle
hielt. In einer Entfernung von 100 oder 200
Meilenvon der Armee, entschied man über Schlachten, die gegeben werden sollten oder könnten. Die
ganze Welt wollte befehlen, nur die nicht, denen

man es eigentlich aufgetragen hatte, oder die das
Talent dazu besaßen. So war der Hof von Versailles allein Schuld an den Fehlern, welche Catinat
dem Prinzen Eugen gegenüber begieng, und dachte
noch oberdrein klein genug, ihn deshalb zur Rechenschaft zu ziehen.

Eugen drang in Italien ein. Catinats Vorschlag
war, sich diesem Eindringen zu widersetzen. Der
Hof dachte anders. Catinat wurde dadurch genöthigt, seinen Plan für diesen Feldzug zu ändern,
und sich zurück zu ziehen. Dieser, in den Augen
aller Kunstverständigen weise Zurückzug, wurde noch
überdieß unvermeidlich, durch die Nachlässigkeit der
Minister in Anfüllung der Magazine, welche zum
Unterhalt nothwendig waren. Aber die Höflinge
vergifteten zu Versailles sein Betragen. Villeroi,
ein eben so unwissender General, als liebenswürdi-
ger Gesellschafter, erhielt das Kommando über die
Armee. Das Ministerium verlor durch diese Albernheit die Hülfsquelle der Talente des Siegers
von Marsaille, und die Bundsgenossenschaft des
Herzogs von Savoyen, welchen der Uebermuth des
neuen Feldherrn bald von Frankreich trennte. Aber
er gewann dadurch den Vortheil der Frau von
Maintenon den Hof zu machen. Ein vollwichti-
ger Ersatz.

Es scheint, das Glück habe in diesem berufenen
Kriege die Widerwärtigkeiten für Ludwig den

Vierzehnten desto fühlbarer machen wollen, da es
ihm anfangs mit einem guten Erfolg zu schmeicheln
schien. Villars, dessen Stolz edlen Seelen behagt,
weil er sich auf das Bewußtseyn eigener Verdienste,
und Kenntniß der Niederträchtigkeit seiner Feinde
gründete; Villars, der eben deshalb groß war, weil
er Ludwig dem Vierzehnten so oft mißfiel, ein siche-
rer Beweiß, daß er ihm immer die Wahrheit sagte;
Villars endlich, den Louvois Haß in den Augen
der Nachwelt mehr noch ehrt, als seine Siege,
brachte dem Kaiser gleich anfangs einige schreckliche
Streiche bey, indem er ihn bey Friedlingen und
Donauwerth schlug. Die Ueberrumpelung von Cre-
mona, und Villerois Gefangenschaft, ersetzten dem
Wiener Hofe seinen Verlust nicht; auch zogen weder
die vielfältigen und blutigen Scharmützel zwischen Eugen und Vendome, noch die unentscheidende Schlacht
von Luzara, die Wage herüber auf die Seite der
Verbündeten. Marlborough selbst, dieser grosse
Krieger und Staatsmann, drückte die Spuren seines Geistes noch nicht dem ersten Feldzuge auf,
welchen er gegen den Herzog von Burgund und
Boufflers machte.

Aber bald folgte Schlag auf Schlag. Der Herzog von Savoyen wird abtrünnig; Eugen und Marlborough vernichten durch das vereinigte Gewicht
ihrer Talente und ihres Glücks, den unglücklichen
Tallard zu Bleinheim; Peterborough entreißt Philipp

dem Fünften Gibraltar, Barcelona und einen Theil von Spanien; Tessé machte ohnmächtige Versuche das Verlohrne wieder zu erobern; die französische Flotte unter dem Grafen von Toulouse muß sich zurück ziehen; Villeroi wird in den Ebenen von Ramillies durch seine eigene Schuld geschlagen, la Feuillade's Entwürfe scheitern von Turin; Orleans wird durch Marsins Unerfahrenheit in seinen eignen Linien forcirt. Welch eine Reihe von Widerwärtigkeiten für den Sieggewohnten Ludwig!

Wenn man alle diese Ungewitter hereinbrechen sieht, so ruft man unwillkührlich aus ⹀ „wo ist denn „Villars geblieben? mein Gott! Villars lebt noch, „und die Villeroi, Marsin und Feuillade stehen an „der Spitze der Heere?" Die Antwort klingt sonderbar: der brave Villars ist in den Cevennen, einige elende Aufrührer zu unterwerfen. Und warum diese Hintansetzung? er besaß ja nur Verdienste. Frau von Maintenon haßte ihn. Chamillard konnte einen Mann nicht hochachten, der so hoch über ihn erhaben war; vielleicht war er sogar ein Gegenstand der Eifersucht Ludwigs, denn nicht immer blieb Ludwig von dieser kleinen Leidenschaft frey. Genug, man entfernte ihn, als er nützen konnte, und man rief ihn zurück, als es zu spät war. Die Franzosen wurden zu Oudenarde geschlagen, Lille demüthigte sich vor Eugen und Marlborough, Frankreichs Grenzen waren von allen Seiten entblößt,

das Reich litt Mangel an Menschen, Kriegsbedürf-
niſſen und Geld, neigte ſich zum Umſturz, und war
gleichſam eingeklemmt zwiſchen dem ſiegenden Feinde
und einem hochmüthigen Könige, deſſen unbeugſa-
mer Stolz noch immer nicht nachgeben wollte.

Die Krone von Spanien wankte auf dem Haupte
Philipps des Fünften; Portugieſen, Engländer und
Oeſterreicher drangen von allen Seiten auf ihn ein.
Es blieb ihm nichts übrig als das Herz der Spa-
nier, die Rathſchläge Vaubans, und die liebens-
würdigen Eigenſchaften ſeiner Gemahlinn.

Man wundere ſich nicht, daß ich auch ſeine Gattinn unter die Zahl ſeiner Hülfsquellen rechne. Man
hat vielleicht nie darüber nachgedacht, wie viele Gewalt über die Herzen der Menſchen ein Diadem
verleiht, welches von einem reizenden, durch Thränen des Jammers verſchönerten Weibe getragen
wird. Die moraliſchen Ideen nehmen Theil an der
Majeſtät, welche man den phyſiſchen Gegenſtänden
zugeſteht; daher iſt es eben ſo ſchwer, mit dem Anblick eines unglücklichen Fürſten nicht den Begriff
von Tugenden zu verbinden, als der verfolgten Jugend den Glauben an Unſchuld zu verſagen. Wenn
Könige auch nicht im Unglück die Herzen der Menſchen zu feſſeln vermögen, ſo waren ſie gewiß im
Wohlſtande doppelt laſterhaft; denn wenn gleich gewöhnlich der unglückliche Privatmann die Menſchen

von sich entfernt, so zieht hingegen der unglückliche
Fürst die Menschen an sich.

Man beweißt in der Wahl der Gattinnen, welche
man Monarchen bestimmt, eine barbarische Gleichgültigkeit. Nie sieht man auf die Bildung ihres Herzens; nie denkt man daran, daß das Schicksal gan-
zer Nationen vielleicht von einer Liebkosung eines
arglistigen Weibes abhängt. Es ist eine, der Aufmerksamkeit der Politik würdige Bemerkung, daß
alle, durch Verbrechen berühmte Königinnen, die
Tugenden ihrer Männer herabgewürdigt haben,
da hingegen tugendhafte Königinnen nie im Stande
waren, ihre lasterhaften Männer zu bessern.

Während Philipp der Fünfte das Schwerdt führte
flog die junge, liebenswürdige und gefühlvolle Königinn von Spanien, allein und ohne Gefolge von
einer Stadt zur andern, wo wankende Treue einen
nahen Abfall drohte. Sie drang sogar bis in die
Freistätten der Privatleute, und dort enthüllte sie unter vier Augen die Erhabenheit ihres Unglücks, und
den Adel ihrer Seele. Unter jedem Dache ward
sie beynahe als Feindinn empfangen, und sie
entfernte sich von jedem Dache als eine Gottheit die ihrer Tempel verläßt. Man sah sie, alle
Herzen waren gewonnen! man hörte sie, alle Schätze
standen offen. So eroberte sie durch die Macht
ihrer Reitze, die eine Hälfte von Spanien, und

lieferte ihrem Gemahl die nöthigen Summen um auch die andere Hälfte zu erobern.

Aber die Zeit nahte heran, wo eine gewonnene Schlacht Philipps Thron fester gründete, und eine verlohrne Schlacht Ludwigs Thron wieder aufrichtete. Almanza und Malplaquet entschieden das Schicksal beyder Reiche. Der Kaiser Leopold war tod, und sein Sohn Joseph sein Nachfolger. Das Reich hatte bey diesem Wechsel nichts genommen. Nie gab es einen Fürsten der mehr unternahm und weniger that. Er hatte grosse Lust stolz zu seyn, und trug grosses Verlangen nach der Politik; Stolz und Politik waren jedoch für ihn nur zwey Geliebte, welche ihn nichts als Strenge empfinden liessen. Ohne den Prinzen Eugen würde dieser Joseph schon lange unter dem Haufen unnützer Könige vergessen seyn.

Wenn es Augenblicke giebt, in welchen der wohlverdiente Unwille der Nachwelt über Ludwigs Stolz und Despotismus plötzlich von neuem erwacht, so ist es der, zu welchem wir in dem Gemählde seines Lebens nunmehr gekommen sind. Wenn man zurück denkt, und sieht, daß das Schicksal von Spanien und Frankreich von dem Waffenglück zweyer Menschen abhängt, die Ludwig verfolgte, so kann sich der Leser, in der marternden Ungewißheit in welcher er sich befindet, indem er sich diesen grossen Begebenheiten nähert; ja der Franzose

selbst kann sich nicht entbrechen, den Feinden Ludwigs den Sieg zu wünschen, weil Gerechtigkeit und
Menschlichkeit gleiches Interesse für alle Nationen
einflössen.   Der von der hochmüthigen Inconsequenz
dieses Königs verachtete Eugen, kämpft bey Malplaquet.   Ruvigni, den Ludwigs grausame Intoleranz verjagte, streitet gegen Philipps Heer bey Almanza.   Welcher Mensch, der weder Schmeichler
noch Sklave ist, wird nicht Gelübbe für Eugens
uud Rnvignis Glück zum Himmel senden?

Ruvigni an der Spitze der Engländer und Por-
tugiesen wurde geschlagen, und zwar durch einen
Engländer an der Spitze der Franzosen und Spanier, nemlich den Herzog von Berwik, Bastard von
England, und Sohn der Arabelle Churchill.   Er
war ein Neffe des berühmten Marlborough, und
während sein Oheim alle Hülfsquellen seines Geistes
anwendete, um die Bourbons zu demüthigen, that
er, wie man sieht, alles mögliche, um ihre Grösse
zu schützen.

Marlborough war unerschöpflich, und seine mäch-
tigste Stütze war das ununterbrochene Einverständ-
niß zwischen ihm und dem Prinzen Eugen, welches
den französischen Generalen gänzlich mangelte;
höfische Verwirrung herrschte unter der Armee. Die
Gegenwart des Herzogs von Burgund, welcher
nach Flandern geschickt wurde, um den sinkenden
Muth des Soldaten anzufeuern, hatte im Gegen-

war gedient, die Spaltung zwischen den Unterbe-
fehlshabern zu vermehren. Frankreich stand allenthalben offen. Die Einnahme von Landau, verstat-
tete ungehindertes Vordringen in das Elsaß. Durch
den engen Paß von Niffa waren die Feinde in die
Provence eingedrungen. Toulon wurde blokirt,
und Marseille bedroht. Die Erhebung der Auflagen, mit welchen das Volk überladen war, gieng
schwer von statten, und das wenige Geld was noch
einkam, verschlangen die Kisten der Pächter. Die
Rekrutierungen wurden immer schwieriger, und da
ein harter, strenger Winter endlich das Elend auf
den höchsten Gipfel brachte, so mußte man die Hand
voll Menschen, welche noch übrig war, dem Ackerbau entziehen, um die Armee vollzählig zu machen.

Ludwig der Vierzehnte wankt endlich auf dem
Gebäude des Ruhms, welches der Stolz ihm er-
richtet hatte, und von welchem das Unglück von
Minute zu Minute einen Pfeiler umriß. Er de-
müthigt sich, weil er nicht mehr unterdrücken kann;
er schickt Torcy und Colbert nach dem Haag einen
schimpflichen Frieden zu erbetteln, an dem nemlichen Orte, wo er vormals sein übermüthiges Glück
zur Schau getragen hatte.

Der unwiderstehliche Unwille der Philosophie
beym Anblick eines Lebens, welches in Eroberungen, in Pracht und Wolluft erfäuft wurde, ist so
groß, daß sie mit Vergnügen die Stufen des Kum-

mers und der Demüthigung berechnet, auf welchen
jener hochmüthige König herabsteigt. Zum ersten=
male zerstreut sich die trübe Wolke, welche unter
seinen Augen das Tribunal der Menschheit verhüllte.
Die zauberische Täuschung der Königswürde ver=
schwindet. Ludwig prüft sich selbst, er findet nichts
in seinem Innern als den Menschen, aber einen
Menschen der die Uebel von ganz Europa auf sei=
nem Gewissen hat, den die Thränen seines Volkes
und der Haß der Nationen verfolgen. Was ist aus
jenem Herrscherwillen geworden, dem Krieg und
Tod knieend dienten? Sechzig Jahre hindurch
hat er Alles überwunden, Alles unterworfen, Alles
zertreten, Alles hat vor ihm geschwiegen, nur das
Gewissen nicht.

Alter und Gewissensbisse! welch' ein Zustand! die
letztern lassen die Vergangenheit wieder aufleben, und
das erstere tödtet die Zukunft. Sehet da ihr Könige!
was euch übrig bleibt, wenn ihr Größe aufbaut, ohne
sie durch Tugend zu stützen. Wer mag ohne Schaudern
seinen Blick auf die letzten Tage dieses Monarchen hef=
ten? und welcher Mensch hat wie er, noch lebend die
Hölle in seinem Busen gefühlt? Ja, er athmet
noch, und findet keinen Gegenstand auf der ganzen
Erde, der nicht seinem Vorwurf und seiner Seele
eine Marter wäre. Oeffnet er ein Buch, was liest
er darinn? seine Siege? sie sind verschwunden!
sein Lob? er verdient es nicht mehr! seine Pracht?

sie ist vertrocknet! — Geht er in seinen Palästen
umher, was findet er da? seine Verschwendung ist
sein Hof; eiskalte Höflinge seine geheime Räthe;
Minister ohne Thatkraft, die sich nicht zu helfen
wissen, seine Gesellschaften Pfaffenzänkereyen und
Scheinheiligkeit eines alten Weibes seine Familie;
der Tod der sie abmäht, sein Denkmal! hier Stolz
statt Nutzbarkeit, dort Uebermuth, dessen Stimme
die Rache der Nationen auf ihn herab ruft; endlich
sein Volk! auf dessen Stirn das Elend Furchen ge=
zogen hat, dessen Augen in Thränen schwimmen,
dessen Mund nur zu seufzen und zu murren vermag,
dessen Brust mit Wunden bedeckt ist, Füsse welche
die Dürftigkeit alle Kraft raubte und Hände wel=
che vertrocknet sind, indem sie sich ewig nach Hülfe
ausstreckten — das ist Ludwigs Schicksal! — Jeder
Gegenstand ist sein Richter, jede Rückerinnerung
eine Quaal, jeder Gedanke eine Marter. Das
war wohl der Mühe werth alles gethan zu haben,
um den Beynamen, der Grosse, und nichts um
den, der Gute, zu verdienen,

Der Königsstand ist ein trauriger Stand. Sie
sind nur Menschen, und alles in ihnen nimmt nur
Theil an ihrem erhabenen Range. Sind sie noch
jung, so verhundertfältigen sich die Leidenschaften
in ihnen, weil sie nur wollen dürfen, um sie zu
befriedigen, weil einerley Genuß ihnen Langeweile
verursacht, und weil es ihnen so leicht wird, ihre

Begierde

Begierde wieder zu wecken. Sind sie alt, so stehen auch ihre Gewissensbisse in Verhältniß mit ihrem Range. Der Mensch empfindet deren nur nach Maasgabe seines geführten Lebens, der König empfindet sie nach Maasgabe seiner Unterthanen. O Ludwig der Vierzehnte! beneideter und geschmeichelter Monarch! welcher Biedermann möchte sein Alter gegen das Deinige vertauschen? Es ist nicht gut, daß man seine Standhaftigkeit im Unglück rühmt. Diese Tugend bey verdienten Unglücksfällen, ist nur eine Theaterrolle, die man auswendig lernt, während die Decoration verändert wird. So fodert der sterbende Fechter noch den Beyfall der Zuschauer auf. Muth ist nicht immer eine Tugend. Stolz, nicht Seelengrösse, verleiht Ludwig dem Vierzehnten Standhaftigkeit im Unglück.

Er kannte die Eigenschaften wohl, welche einen guten König ausmachen; war er es nun doch nicht, so ist er schuldig; und war er unglücklich, zur Strafe es nicht gewesen zu seyn, so ist er auch nicht beklagenswerth.

Von aussen wurde sein Stolz durch die zahlreichen Kränkungen welche er erfuhr, tief verwundet; von innen seine Seele zerrissen, durch das Schauspiel des Todes, welches seinen Pallast füllte. Es schien, der Himmel stehe im Bündniß mit seinen Feinden, und schmiede täglich neue Blitze für ihn. Vater einer zahlreichen Nachkommenschaft sah er einen

nach dem andern dahin sterben, und mußte fürchten
keinen Zweig seiner Familie auf dem Throne zu
lassen, er, der einst Spanien einen König gab, England und Pohlen Könige geben wollte.

Die Königin und die Dauphine starben zuerst.
Der Dauphin, die Herzogin von Burgund, der
Herzog von Burgund, zwey Herzoge von Bre-
tagne, und der Herzog von Berri folgten ihnen
bald. Ludwig der Vierzehnte blieb allein mit einem
Kinde, dessen Schwächlichkeit auch den Tod drohte.
Ganz Frankreich in Trauer sah mit stummem Schrecken, wie dieser Unglücksstrom alles mit sich fort
riß; nur die Priester, die gewöhnlich gleichgültig
gegen jedes Uebel sind, das sie nicht trifft, zanckten
und stritten mit Erbitterung gegen die vorgeblichen
Irrthümer des Jansenismus. Der Versammlungs-
platz der Jansenisten, Port royal genannt, wurde zwey-
mal zerstört; mit frecher Stirn hatte man die Lehrer des Racine zerstreut, und Pascals lettres pro-
vinciales verbrannt; beyde Theile hatten Wunder
gethan, denn wenn man mit der Vernunft nicht
weiter fort kann, so thut man Wunder; das kranke
Auge eines Mädchens und das kranke Bein eines
andern Mädchens waren geheilt worden; durch eine
Albernheit nach der andern stiegen die Jesuiten hinauf zu jener allgemeinen Gewalt, welche der einzige Zweck ihrer Bemühungen war, und der einzige, den sie sorgfältig verbargen; endlich der große
Haufe der Geschäftlosen, und der noch größere der

Scheinheiligen, welche während der Zerrüttung des
Staats sich beschäftigten, über Worte zu grübeln, die
der Rechtschaffenheit des Menschen eben so gleichgültig sind, als seine Seligkeit, und die nicht einmal in
dem Buche standen, das Niemand gelesen, und Niemand weder Zeit noch Lust zu lesen hatte. Mitten
in dieser Verwirrung durchkreuzten sich Bannflüche.
Die gewöhnlichsten Waffen waren die Versagung
der Sacramente in der Todesstunde, und die Gesunden wollten durchaus die Sterbenden zur Hölle
verdammen, weil sie nicht dachten wie sie. Selbst
die Anführer der streitenden Partheyen waren nicht
einig unter sich; und bewegten sich oft in ihren Cir-
keln in entgegengesetzter Richtung, diese durch Rau-
heit ihres Characters getrieben, jene aus Eigennutz;
diese von der Hoffnung zu geistlichen Würden ge-
lockt, jene aus Geistesschwäche. So zum Beyspiel
Noailles und Fenelon, die beyden sanftesten, tu-
gendhaftesten, und Gott gefälligsten Männer, welche das Jahrhundert hervorgebracht hat; und Frau
von Maintenon, die als Oberpriesterinn in diesem
lächerlichen Irrgarten ohne Faden herumirrte, wech-
selsweise schmeichelnd, liebkosend und drohend. Immer wollte sie entscheiden und nie entschied sie, weil
natürlich keine Entscheidung statt findet, wo keine
Sache ist. Heilig aufgeblasen stolzierte sie als ein
Pfau unter den Leuten herum, welche Bischofs-
mützen trugen, und war immer bereit, die Freun-

schaft dem Vorurtheil aufzuopfern, sobald nur die
jesuitische Parthey ihr das Opfer ihres Haſſes bezeichnet hatte. So wurde ſie die Feindinn der Madam Guion, welche ſie vormals geliebt hatte; die
Verfolgerinn des Erzbiſchoffs von Cambrai, welchen
ſie einſt mit ihrer ganzen Macht unterſtützte;
treulos gegen den Kardinal von Noailles, welchen
ſie immer liebte. Doch kann man dieſe lächerlichen
Inconſequenzen eines Weibes tadeln, wenn ſogar
ein Pabſt das Beyſpiel derſelben giebt? Clemens
der Eilfte, dieſer groſſe Bewunderer von dem
Wercke Quenel's, ein Werk das fähig war Frieden
zu ſtiften, und beyde Partheyen aufzuklären, wagte
es gleichwohl ein Buch zu verdammen, welches
den Titel führte: Fromme Betrachtungen über
den Text des neuen Teſtaments.

Aber warum dieſer auffallende Widerſpruch?
warum? weil der Pabſt ein Menſch war, ſo gut
als die andern, und weil die römiſchen Biſchöffe, trotz
der Ehrfurcht, die man ſeit Jahrhunderten für ſie
hegt, ſowohl in der Religion als in der Politik,
immer ganz menſchliche Grundſätze befolgen. Clemens der Eilfte hatte vor ſeiner Erhebung auf den
päbſtlichen Stuhl, ein Werk drucken laſſen, das
voll moliniſtiſcher Irrthümer war, und einen
ſeiner Freunde, einen Prälaten, zum Verfaſſer
hatte. Der Kardinal von Noailles hatte dieſes Buch verworfen, der Augenblick, dieſen

Schimpf zu rächen, war gekommen. Quenel's
Buch war dem Kardinal zugeeignet, er hatte es
gelesen, gelobt, gerühmt; schon genug, um ihm
die päbstliche Verdammniß zu zuziehen. Wenn es
auf Rache ankömmt, so würde die dreyfache Krone
selbst das Evangelium verdammen. Quenel muste
fliehen, er gieng nach Amsterdam, und so raubte
die Leidenschaft eines italiänischen Priesters Frankreich einen verdienstvollen Mann. Traurige, aber
gewöhnliche Frucht der abgeschmackten Ehrfurcht,
welche man für die Grossen hegt, deren Laster in
den Augen sklavischer Völker immer den Schein
der Gerechtigkeit tragen. Quenel sucht und findet
in Holland seine Freiheit.

Schönes Vorrecht freyer Nationen! welches man
vielleicht unter der Menge der Wohlthaten der To-
leranz nach Würden zu schätzen vergißt. Ein Vorrecht, oder um richtiger zu reden, ein sicheres Geschenk, durch welches die Freiheit jene Völker mit
grossen Männern bereichert, welche Fanatismus,
Irrthum oder Vorurtheil aus ihrem Vaterlande
vertreiben.

Ganz menschliche Absichten hatten Clemens dem
Eilften den Spruch über Quenel's Buch entrissen,
ganz menschliche Absichten hinderten aber auch die-
sen Spruch, in Frankreich grosse Wirkung zu thun.
Der Pabst hatte den Erzherzog als König von
Spanien anerkannt, zur Vergeltung lachte man

über sein Decret. Entweder das Buch war gut,
und dann hatte der Pabst Unrecht, es zu verdam=
men; oder es taugte nichts, und dann hätte man
mehr Ehrfurcht für seinen Ausspruch haben sollen.
Das ist ein Dilemma. Es ist zuweilen gut, die
frommen Gauckler so einzuklemmen. Wie viele
Pharisäer giebt es nicht in der catholischen Reli=
gion! Nichts lustiger, als zu sehen, wie das gute
und leichtgläubige Volk sich vor dem Pabste in den
Staub schmiegt, und den Segen von einer Hand
empfängt, welche den Augenblick vorher vielleicht
eine Kränkung dieser nemlichen Religion, die das
Knie der Völker vor ihm beugt, unterzeichnet hat.
Ich weiß nicht ob die Päbste mit den Schlüsseln
des heiligen Petrus das Paradies zu öffnen verste=
hen, wenigstens aber haben sie so oft die Pforten
der Welt damit geöffnet, daß ich mir vorstelle, sie
seyen zu verschliffen und abgenutzt, um einst die
Pforten des Himmelreichs damit aufzuthun.

Der Geschmack an Zänkereyen war so sehr Mo=
de, daß die des Jansenius den Liebhabern dersel=
ben nicht einmal gnügten. Sogar in China scharrte
man Nahrung für die Streitsucht aus, und die
Ehrfurcht für die Todten, welche Confucius von
seinen Schülern erheischt, erweckte den Chinesern
den Haß eines Volks und einer Religion, welche sie
gar nicht kannten, auch gar nicht Lust hatten ken=
nen zu lernen. Als die Jesuiten bis nach China

drangen, hatten sie mehr die Absicht die Gesell-
schaft Jesu, als Jesu selbst fortzupflanzen. Sie
waren Schmeichler, weil das die leichteste Art ist,
seinen Zweck zu erreichen, sie machten es wie alle
schwache Wesen, welche sich emporschwingen wollen.
Sie hatten von ihren Religionsmeinungen nur oben-
hin gesprochen, und die des Volks, in dessen Schooß
sie sich niederlassen wollten, laut gebilligt. Hätte
China durch nichts ihre Haabsucht gereizt, so würden sie sich weder die Mühe gegeben haben, die
Lehren des Confucius zu billigen, noch die, die Moral Jesu Christi auszubreiten. Aber China öffnete ihnen eine reichhaltige Quelle von Reichthümern,
und sie nahmen sich wohl in Acht, die Verehrung
welche die Chineser an gewissen Tagen des Jahres,
gewissen Tafeln erzeigen, auf welchen die Namen
ihrer Vorfahren geschrieben stehen, Götzendienst zu
schelten. Der Pabst aber, der es doch sonst ganz
gern sieht, wenn gutherzige Frauen sich ein paar
Stunden lang vor der Statue des heiligen Pan-
craz niederwerfen, und hernach etwas Geld in die
Büchse stecken, welche zu den Füssen dieses steiner-
nen Heiligen befestigt ist, fand es auf einmal sehr
sonderbar, daß die Chineser sich unterstunden, Feste
auf den Gräbern ihrer Väter zu feyern, und
schickte einen Vicelegaten an den Kaiser von China,
um Rechenschaft von diesem Betragen zu fodern.
Dieser Kaiser eines Volks, welches die Erde für

viereckigt hält, der Mittelpunct dieses Vierecks zu
seyn glaubt, und alle übrige Nationen als Barba-
ren, oder wenigstens als Affen betrachtet, die nur
seine Vorstädte bewohnen, fand es sehr drollig,
daß der Oberpriester der Affen etwas an seinem
Glauben auszusetzen habe, und hatte grosse Lust
ihm durch eine Bastonnade zu antworten. Schade
daß der Kaiser von China unsere Gebräuche nicht
ein wenig besser kannte, sonst hätte er gewiß irgend
einen Priester des Foé an den Pabst abgesandt, um
den Statthalter Christi zu fragen, warum er die
Leichenreden in unsern Kirchen leidet? und ob es
lächerlicher sey, das Andenken der Vorfahren zu
ehren, als einem rednerischen Schreyer zu erlauben,
Verstorbene zu rühmen, die größtentheils nichts
ruhmwürdiges gethan haben.

Diese chinesischen Zänkereyen, deren kindische
Hartnäckigkeit Rom zum Spott machte, und alle
die geschäftlosen Wesen belustigte, welche sich auf
den Kaffeehäusern von Paris herum treiben, wurden nachtheilig für die Jansenisten. Der Pater
Tellier, Nachfolger des Pater la Chaise, muste erfahren, daß eines seiner Werke über die chinesischen
Gebräuche zu Rom von den Schülern des Jansenius verfolgt wurde. Der Kardinal von Noailles
hatte ihn einst eine gewisse Aergerniß gebende Intrigue sehr übel entgelten lassen; er hatte also itzt,
da er sich dem Throne näherte, die beyden schreck-

lichſten Beleidigungen zu rächen, welche man einem
Pfaffen anthun kann: den Schimpf ſeines gelehrten, und ſeines moraliſchen Rufs. Ueberdieß verband ſich noch ſein Character mit der gereizten Ei-
genliebe, die ihm mit allen Menſchen gemein war.
Er beſaß alle Eigenſchaften des Verfolgungsgeiſtes
im Groſſen. Finſter, jähzornig, wild, gallſüchtig,
ſpitzbübiſch und grauſam; die hölliſchen Mächte hatten ihn aus jenem Koth zuſammen geknetet, aus
welchem ſie ſonſt einen Großinquiſitor zu ſchaffen
pflegen. Einen ſolchen Menſchen hatten die Jeſuiten zum Gewiſſensrath Ludwigs des Vierzehnten gewählt, um am Rande des Grabes mit ihm den
Rückblick auf das vergangene Leben zu werfen, und
ihn zur Ablegung jener furchtbaren Rechnung vor-
zubereiten, welche die Könige Gott ſchuldig ſind,
Gott, aus deſſen Händen, wie ſie ſprechen, ſie ihre
Krone empfiengen.

Iſt eine ſolche Wahl nicht Verſpottung der Gottheit? ſtimmt ſie mit dem Geiſt des Evangeliums
überein? welcher König bedurfte in ſeinen letzten
Augenblicken mehr als Ludwig der Vierzehnte eines
Menſchen, eines aufgeklärten Vertrauten, der frey
ſey von allen Leidenſchaften; fremd für jedes Intereſſe; taub für jede Parthey; klug und muthig genug,
um das Gemählde eines für die Menſchheit ſo traurig
verfloſſenen Lebens aufzurollen; den Stolz, deſſen
Liebkoſungen ihn irre geführt hatten, unter ſeinen

Augen zu zergliedern; ihn mit der Sonde der Wahrheit alle Wunden jenes Ungeheuers fühlen zu lassen,
die bisher unter einer reizenden Hülle verborgen lagen, und ihn so grausam getäuscht hatten; ihm
alle Scheinbilder zu rauben, deren Irrlicht ihn von
Absturz zu Absturz verleitete; und so endlich Reue
in ihm zu erwecken, ihn des Mitleids der Menschen,
welche unter der Bürde seines Ruhms geseufzt hatten, und der Barmherzigkeit Gottes, die sein Hochmuth bis jetzt von sich gestoßen, wieder werth zu
machen. Aber nein, sie lassen ihn durch eine Furie
geiseln. Kaum bleiben ihm noch wenige Tage zu
leben, und sie bemächtigen sich derselben, um sie zu
Werkzeugen ihrer Partheylichkeit zu machen. Der
Mann, der ihn mit Himmel und Erde wieder aussöhnen soll, drückt das letzte Siegel auf den Unwillen des Himmels und den Haß der Erde.

Kaum sah sich der Pater Tellier im Besitz von
Ludwigs Vertrauen, als er sogleich das ganze Prie-
sterreich gegen den Kardinal von Noailles aufwie-
gelte, den einzigen Prälaten, der tugendhaft genug
war, um den Jesuiten nach seinem wahren Werth
zu würdigen, der nichts als das gefährlichste Wesen in ihm erblickte, und der Muth genug hatte,
sich dem Willen des alten Ludwigs zu widersetzen, ein
Wille, der von den Frömmlingen nach Gefallen
gegängelt wurde. O! wäre Noailles standhaft genug gewesen, dem Jesuiten das Recht zu rauben,

des Königs Beicht zu hören, als wozu er die Gewalt in Händen hatte, wie er selbst in seinen
Briefen an Frau von Maintenon erklärt.

Der unruhige Geist des Beichtvaters, der Ehrgeitz
der Bischöffe, die Schwachheit des Kardinals von
Noailles, der Hang Ludwigs des Vierzehnten sich in Alles zu mischen was ihn nichts angieng, und in Allem
was sich seinen Begierden oder den Begierden seiner
Lieblinge widersetzte, eine Beeinträchtigung seiner
Gewalt zu erblicken, Alles das führte endlich den
schrecklichen Streich herbey, dessen Würckung seyn
sollte, beyde Partheyen auf ewig und unversöhnlich
zu entzweyen. Man sandte eine Liste von Sätzen
nach Rom, welche vorgeblich aus dem Buche des Jansenius ausgezogen waren, und verlangte ihre Verdam-
mung. Das heilige Officium, das mindest heilige und
albernste aller Tribunale, verdammte unter hundert
und drey Sätzen hundert und einen, und der
Stuhl des heiligen Petrus brachte jene berüchtigte
Bulle zur Welt, welche alle Köpfe in Frankreich
verwirrte. Priester, Mönche, Ordensgeistliche,
Bischöffe, Erzbischöffe, Kardinäle, sowohl die, welche die Bulle gesucht hatten, als auch die, welche
sie fürchteten, alles lehnte sich dagegen auf. Man
versammelte sich, man überlegte, man schrie, das
ist so in der Gewohnheit. Die Bulle war Unwillen erregend, der größte Theil protestirte gegen dieselbe. Die Unterwürfigsten nahmen sie ohne Einschrän-

kung an, aber veränderten den Sinn derselben, um
sie für das Volk erträglich zu machen. Der Thö-
rigste unter allen war Ludwig der Vierzehnte, der
gewiß weder von den Werken des Jansenius, noch
von Quenel's Buche, noch von dem Latein der
Bulle Unigenitus eine Sylbe verstand; aber
der troß dem verstand, wollte und befahl, die
ganze Welt solle die vernünftigsten Säße für gott-
los halten, weil es dem heiligen Officium und seinem Beichtvater so zu entscheiden beliebt hatte;
und da nichts tyrannischer ist, als der von aller
Vernunft entblößte Wille eines Königs, so wollte
er das Parlament zwingen, ein Gesetz zu registri-
ren, welches die Bischöffe nöthigen sollte, die Bulle
ohne alle Einschränkung, so wie sie von Rom gekommen war, anzunehmen.

Damals aber stand ein Mann auf, wie die Natur sie dann und wann schafft, um der Königsgewalt Grenzen zu setzen, wenn die Völker schwach
genug sind, ihrem Eigensinn zu gehorchen. D'Aguef-
feau, Weltweiser und Richter, dessen Ruhm vielleicht nichts mangelt, als daß er nicht zu den Zeiten der Revolution gebohren wurde, d'Aguesseau
schlug es standhaft aus, das Edict dem Parlamente
vorzuschlagen, und troßte furchtlos der Unwissenheit eines Königs, der in einer Sache entschied
die er nicht verstand; dem Uebermuth des Kanzlers
Voisin, dem die Registrirung seines Edicts weit

mehr am Herzen lag als die Sache selbst; und der Wuth des Beichtvaters, der ein Mittel einbüßte, den Kardinal von Noailles, und die Bischöffe von seiner Parthey zu quälen.

Nichts ist auffallender, als diese Gattung frommer Räuberey. Was ist lächerlicher, als Leute zanken sehen, nicht über das was sie selbst glauben, sondern über das was sie andere wollen glauben machen. Das war zum Beyspiel der Ursprung der Streitigkeiten zwischen Bossuet und Fenelon. Bossuet ließ sich durch die Träumereyen der Madam Guion, und das Buch von den Maximen der Heiligen in Harnisch jagen. Es war ihm dabey nicht um die Sache Gottes zu thun, denn gewiß kann Gott keine eifrigere Diener haben, als solche, die immer in Betrachtung vor ihm wandeln; sondern er war aufgebracht, weil die Predigten der Dame Guion, unterstützt durch Fenelons Talente, das Uebergewicht verminderten, welches er sich unter der französischen Geistlichkeit sowohl, als in der Meinung des Publikums erworben hatte. Es giebt viele Menschen, die fremde Talente als eine Beleidigung für sich betrachten.

Die arme Guion ward verfolgt; ein Verhaftbefehl bewieß ihr, daß ihre Lehre nichts tauge. Frau von Maintenon überließ, als ächte Dame vom Hofe, diese Unglückliche ihrem Schicksal. Fenelon büßte durch seine Verbannung das Verbrechen se vertheidigt zu haben. Boffuet und Godet des Marais, zwey Männer die man beynahe heilig ge- sprochen hat, waren die christlichen Unterhändler in dieser schmutzigen Geschichte. Man darf sich dar- über eben nicht wundern: unter einem despotischen Könige gedeyhen Tyranneyen aller Art. Das eigent- liche Verbrechen aber des Erzbischoffs von Cambrai war, daß seine Tugend auf Sanftmuth und wahre christliche Liebe gegründet war, und daher zu sehr gegen die herbe Scheinheiligkeit der ganzen Priesterbrut ab- stach, von welcher Ludwig der Vierzehnte umgeben war. Hätten Boffuet und seine Spiesgesellen sich für seine erhabene Mässigung rächen können, sie wür- den ihn weit heftiger gequält haben, um der See- lengrösse willen, mit welcher er selbst das Verdam- mungsurtheil seines Buches bekannt machte, als um des Verbrechens willen dieses Buch geschrieben zu haben. Eine andere, in den Augen der Frau von Maintenon weit schwerere Anklage, war seine Mißbilligung ihrer Heyrath. Voltaire läugnet diese Mißbilligung, aber er läugnet da eine Wahrheit. Wenn man Fenelons Art zu denken ein wenig kennt, so erstaunt man gar nicht darüber, daß er sich so geäuffert hat. Aber der Herr von Ferney scheint eine heimliche Neigung zu empfinden, alle die Tu- genden in Zweifel zu ziehen, welche dem Willen der Könige widersprechen. So erzählt er zum Bey- spiel eine Unterhaltung, welche der König mit

Fenelon über seine politischen Meinungen zu haben
verlangte, als er noch Lehrer des Herzogs von Burgund war; daß Fenelon damals alle die Grundsätze
auskramte, welche in der Folge sein Telemach enthielt; und daß, fügt Voltaire hinzu, diese Grundsätze sich besser in die Republik des Plato schickten,
als Unterricht lieferten Menschen zu beherrschen. Eine eben so knechtische als schimpfliche Bemerkung,
welche den angeblichen Philosophen zum Sklaven
herabwürdigt.

Nach Endigung dieses Gesprächs sagte Ludwig der
Vierzehnte, er habe sich eben mit dem schönsten
Geist, aber auch dem größten Schwärmer seines
Reichs unterhalten. Das war der treflichste Lob-
spruch für Fenelon. Politische Ueberblicke, welche
Ludwig dem Vierzehnten ein blosses Geschöpf der
Vernunft zu seyn schienen, waren gewißlich auf
Natur und unverlierbare Menschenrechte ge-
gründet.

Frankreich ist stolz auf Fenelon, es hat ihm
den Beynamen der Grosse gegeben. Aber nach
England muß man gehen, um zu finden, daß Fenelon würklich der edelste Sterbliche war. Er wird es
von nun an auch für uns seyn, da wir endlich das
Volk für etwas zu rechnen gelernt haben; oder,
um mich richtiger auszudrücken, da das Volk gelernt hat, den Rang einzunehmen, welcher ihm

gebührt, und von welchem Fenelon richtigere Be=
griffe hatte, als Voltaire.

Fenelon blieb ruhig in seiner Verbannung, und
Marlborough, dessen Truppen die Gegenden um
Cambrai überschwemmten, zollte ihm alle die Hoch=
achtung, welche seine undankbaren Landsleute ihm
versagten. Der Krieg dauerte fort, und Ludwig der
Vierzehnte hatte jede Demüthigung verschluckt, wel=
che die Holländer ihm sehr freygebig zubereiteten.
D'Humieres und Polignac hatten zu Gertrudenberg
Europa nur Beweise gegeben, von dem allgemei=
nen Hasse gegen ihren Herrn, und von dem Zustan=
de der Schwäche Frankreichs, in welcher der Stolz
eines einzigen Menschen es gestürzt hatte. Sie hatten
sogar die Erniedrigung so weit getrieben, zu ver=
sprechen, daß Ludwig der Vierzehnte Geld her=
schiessen werde, um seinen Enkel vom Throne zu
stossen und waren doch nicht gehört worden. Alles
schien verlohren, und wäre man dem Lord Stairs
gefolgt, so würden feinliche Partheyen bis vor die
Thore von Paris gestreift haben. Damals rief Lud=
wig aus: „weil wir doch durchaus Krieg führen
müssen, so will ich lieber gegen meine Feinde, als
gegen meine Kinder fechten.„ Welch' eine neue
unmenschliche Kränkung für das Volk liegt in diesen
Worten. Alles ist erschöpft, alles für ihn verlohren;
aber das Elend des Volk kommt bey ihm noch nicht
in Betrachtung, er denkt nur an seine Kinder; er
                                             will

will lieber gegen seine Feinde Krieg führen. Und gegen wen führt er diesen Krieg? auf wessen Unkosten führt er ihn? Was verschlägt es der Menschheit, ob ein Enkel Ludwigs des Vierzehnten König von Spanien ist, oder nicht? So müssen zwanzig Millionen Menschen dem Ehrgeiz einer Familie, der Zanksucht eines Einzelnen dienen, und der blosse Königstitel ist das unbezweifelte Recht, welches dieser Abgeschmacktheit zum Grunde liegt! heißt das nicht die Vernunft mit Füssen treten? So empörend aber auch dieses Verfahren ist, und trotz einer langen Erfahrung von 600 Jahren, in welchen die Könige immer nur für den Vortheil ihres Hauses oder ihren Flitterruhm Krieg führten, haben wir doch noch in unsern Tagen Leute gesehen welche im Angesicht der ganzen Nation die Behauptung wagten: das Recht Krieg und Frieden zu bestimmen, sey ein königliches Vorrecht. Welchen Begriff mögen sich diese Leute von den Königen machen, wenn sie das Recht 100,000 Menschen ihrem Eigensinn zu opfern, unter ihre Vorrechte zählen? Sie glauben die Könige dadurch zu ehren, und werden nicht gewahr, daß sie sie selbst unter die Cannibalen herabwürdigen. Wenn ein Krieg überhaupt jemals gerecht seyn kann, so muß er nur zum allgemeinen Vortheil der Nation geführt werden, und wenn das der einzige gerechte Krieg ist, so darf auch nur die ganze Nation darüber urtheilen — ihn beschliessen.

Ludwigs geschwächte Macht mußte natürlich Philipps Fall beschleunigen. Keine Truppen, noch weniger Geld, und nicht einmal guten Rath konnte
er ihm mittheilen. Die Verbündeten hätten ihm
die harte Bedingung ersparen können, seinen Enkel
im Stich zu lassen; denn die Noth sprach bereits
lauter und herrischer als der Congreß von Gertrudenberg. Der König von Spanien hatte seiner
Seits nicht allein gegen das Unglück, sondern auch
gegen die zahlreichen Partheyen zu kämpfen, welche
ihm entgegen waren. Erstens waren alle Anhänger
des Hauses Oesterreich seine Feinde. Zweytens alle
die, welche, ohne eben Carl dem Zweyten wahrhaft ergeben gewesen zu seyn, unter dem Scepter
der Prinzen seines Bluts alt geworden waren; sie
hatten sich an diese Herrschaft gewöhnt, und diese
Gewohnheit galt ihnen für einen Grund, diejenigen
Rechte auf den Namen eines Geschlechts fortzupflanzen, welche das Geschlecht selbst verlohren hatte.
Drittens: den grossen Haufen derer, welchen die
Sache des Volks gleichgültig ist, welche an keiner
Parthey hiengen, und die Beendigung aller Be-
drängnisse nur deshalb wünschen, um ihr Eigenthum
in Sicherheit zu wissen. Diese Art Menschen kann
man nur durch Wohlthaten aus ihrem Schlummer
wecken, und Philipp war nicht in der Lage Wohlthaten
auszuspenden. Endlich viertens stand an der Spitze
einer nicht minder furchtbaren Parthey ein Prinz seines

eigenen Geblüts, Philipp von Orleans, nachmals Regent von Frankreich, dessen allumfassendem Geiste es leicht schien, den Thron von Spanien zu besteigen.

Auf dieser Seite also Philipp der Fünfte gedrängt durch das Haus Oesterreich, durch seine eigene Unterthanen, durch die Parthey von Orleans, und durch den Mangel an Truppen und Geld; auf jener Seite Ludwig der Vierzehnte unter dem Druck von England, Holland, dem Reich und Savoyen; beyde sahen ihren Untergang mit leserlichen Zügen auf Europens Stirn gegraben; und die Menschheit erkaufte die Demüthigung zweyer gekrönter Menschen durch zehnjährige unerschöpfliche Kriege, deren Wuth von den Ufern des baltischen Meeres bis an das Ende des atlantischen Oceans sich ausgebreitet hatte, und durch den Verlust einiger Millionen Menschen. Nie bezahlten vielleicht die Nationen eine Lehre der Philosophie: die Gewalt welche sie Königen einräumen sollen betreffend, so theuer.

Doch in einem Augenblicke gaben die Talente zweyer Männer der ganzen Sache ein anderes Ansehen. Diese waren Vendome in Spanien und Villars in Frankreich. Durch sie wurden Ludwig und Philipp auf dem wankenden Throne gestützt; allgemeiner Friede war die Frucht einer jener elenden Hofsrevolutionen, deren kindischer Ursprung so oft das Unglück der Völker verursacht hat, dieses mal aber zufälligerweise zum Guten ausschlug.

Die Königinn Anna besaß in England nur das
Phantom der Königsgewalt; Marlborough war
würklich König; ihm waren, als Oberhaupt der
Whys die Gemüther unterthan, weil jene Parthey
damals die herrschende war. Auch die Finanzen
standen ihm zu Gebote, denn der Schwiegervater
einer seiner Töchter war Minister derselben. Durch
einen seiner Eydame, welchen er zum Staatssecre-
tär gemacht hatte, leitete er die Beschlüsse des Ca-
binets. Das Heer betete ihn an. In Holland
hatte seine gewandte Politik den Sieg über den
Einfluß des Großpensionärs davon getragen. Im
Pallast von St. James galt er Alles durch die Herzoginn seine Gemahlinn, welche das Herz der Königinn Anna despotisch beherrschte. So schien Alles dem Kriege eine ewige Dauer zu versprechen,
weil dem Glücke und dem Ehrgeitze Marlboroughs
an seiner Verlängerung gelegen war. Die Eifersucht eines Weibes stürzte dieß ganze Gebäude.

Die Königinn Anna, so lange schon Freundinn,
und länger noch Unterthan der Herzoginn von Marlborough, war endlich eines Despotismus müde,
der von Tage zu Tage unerträglicher wurde; sie hatte
den Muth ihn abzuschütteln, und wählte sich einen
neuen Liebling, die Lady Marsham. Die gereizte
Herzoginn rächte sich durch neuen Uebermuth. Einige, der neuen Favoritinn erwiesene und übelan-
gebrachte Beleidigungen, und einige stolze Briefe

an die Königinn, erbitterten diese Fürstinn noch mehr.
Man brach öffentlich. Die Parthey der Torrys,
welche die Zurückberufung der Stuarts wünschte,
nutzte diesen Vorfall, um die Königinn mehr ein=
zuschränken. Der allgemeine Friede ward beschlos=
sen, nicht um dem Volke die Ruhe wieder zu ge=
ben, sondern um Marlborough entbehrlich zu ma=
chen. Er war noch immer furchtbar, obgleich in
Ungnade, und man arbeitete Anfangs nur unter
der Hand am Friedensschluß von Europa. Doch
der Tod des Kaisers Joseph, welcher die Kaiserkrone
dem nemlichen Carl hinterließ, den wir als Mitbe=
werber um den spanischen Thron kennen, beschleu=
nigte, wie Voltaire richtig anmerkt, das Friedens=
geschäft mehr, als die heimlichen Cabalen der Tor=
rys und der Königinn Anna, weil er das Vorur=
theil der Engländer gegen Ludwig den Vierzehnten
verringerte, und weil man endlich einsah, daß es
eben so lächerlich wäre, seine Schätze zu verschwen=
den, um das Haus Oesterreich auf den Gipfel ei=
ner Macht zu erheben, wo es das Haus Frankreich
nicht leiden wollte.

Wie dem auch sey, diese politische Bewegungen
gereichten blos zum Vortheil einiger Köpfe, welche
ihr Privilegium die Erde zu verwüsten, nur der
Krone verdankten, die doch nie ein Eigenthum war;
und geschahen übrigens auf Unkosten der Menschheit.
Man darf behaupten, daß, wenn vom Frieden die

Rede ist, jeder Augenblick, der durch verfängliches
und auf Schrauben gestelltes Entwerfen der Frie-
denstractaten verlohren geht, den Königen einst zum
Verbrechen angerechnet werden wird.

Die berühmte Schlacht von Denain nahte heran.
Marlborough kommandirte nicht mehr; bey seiner
Zurückkunft nach London beraubte man ihn aller
seiner Würden. Eugen blieb allein, und trotz seines
festgegründeten Rufs ward er von Villars geschlagen. Ein solcher Sieg war nothwendig um den
Schluß des Friedens herbey zu führen; das heißt:
es mußten erst noch ein paar tausend Menschen das
Leben einbüssen. Der Friede ward endlich zu Utrecht
unterzeichnet. Nur der Kaiser trat ihm nicht bey;
aber dieser Widerstand dauerte nicht lange. Von
seinen Alliirten verlassen, sah er sich bald gezwungen
seine Schwäche zu bekennen.

Dieser Friede war nicht so demüthigend für Ludwig
den Vierzehnten, als sein Stolz zu verdienen schien,
aber er erwarb der Königinn Anna einen Ruhm, dessen Werth man nicht genug empfinden, und den selbst
die sonst so gerechte englische Nation nicht gehörig
anerkannt hat. Bey all diesem Aneinanderreiben
des widersprechenden Interesse so vieler Partheyen,
vergaß sie nie die Sache der Menschheit; sie zwang
Ludwig den Vierzehnten alle diejenigen in Freiheit
zu setzen, welche um der Religion willen in den
Fesseln schmachteten. Endlich vergaß sie auch zum

Wohl des Vaterlandes sich selbst, indem sie ihr eig=
nes Geschlecht hintansetzte, um dem Hause Hanno=
ver die Nachfolge auf dem englischen Throne zuzu=
sichern; mit einem Worte: sie war zugleich Königinn
und Philosophinn.

Jener berühmte Friede wurde 1713 geschlossen,
und von da an, bis 1715, in welchem Jahre Lud=
wig der Vierzehnte starb, bietet das Leben dieses
Königs nichts merkwürdiges mehr dar. Er starb
wie er gelebt hatte, daß heißt, stolz! seine letzte
Stunde wiedmete er dem Wortgepränge, wie er
sein ganzes Leben dem Schaugepränge gewiedmet
hatte. Man spricht mit Entzücken von den Rath=
schlägen welche er seinem Nachfolger gab, und
über welche er hätte erröthen sollen, wenn er treu=
herzig genug gewesen wäre, sich zu erinnern, daß
er ihm nicht die Lehren, sondern das Beyspiel
dieser Lehren schuldig war. Sie waren überdieß
ganz unnütz, weil er sie einem Kinde gab, das
ihn nicht verstand; aber es schmeichelte seinem Stolz,
weil Könige selbst von ihren Fehlern mit Stolz
reden. Er starb am ersten September, 77 Jahr
alt, im 73sten seiner Regierung. Er starb, und
die Menschheit hohlte frey Athem.

Ludwig der Vierzehnte war kein Tyrann, nicht
blutgierig, aber der unumschränkteste Despot. Das
war er für seine Minister, für seine Kinder, für
seinen Hof, für sein Volk, für Europa, ja sogar

für seine Mätreſſen, denn Frau von Maintenon beherrſchte ihn nur, weil ſie die Kunſt verſtand ihm glauben zu machen: er beherrſche ſie.

Er ergab ſich mit deſto gröſſerm Erfolg dieſem Hang zum Despotismus, da er von der Natur alles erhalten hatte, was ihn geltend machen kann. Der groſſe Haufe ließ ſich leicht durch ſeine perſönlichen Reitze hinreiſſen, und Ludwig der Vierzehnte glich in dieſem Stücke den Schauſpielern, welchen man ihr ſchlechtes Spiel um ihrer artigen Geſtalt willen verzeiht. Er war ſo ſchwach ſehr eiferſüchtig auf ſeine Schönheit zu ſeyn; er verzieh daher ſelten Schönheit an einem Andern, und man will bemerkt haben, daß ſeine Gnadenbezeugungen und ſeine Freundſchaft vorzüglich der Häßlichkeit zu Theil wurden. Roquelaure iſt davon ein ſprechender Beweiß. Ludwig, deſſen Stolz ſonſt die unſchuldigſte Spötterey ſelten ertrug, fand ſich nie durch Roquelaures Witz beleidigt, der doch oft cyniſch genug klang. Das Vergnügen, immer Jemand um ſich zu haben, gegen den ſeine Schönheit um ſo mehr abſtach, ließ ihn die ſpitzigen Stacheln der Bonsmots ſeines Lieblings vergeſſen.

Er drückte ſich mit Leichtigkeit aus, und, ohne eben einen angebauten Geiſt zu beſitzen, entſchlüpfte ihm doch ſelten das richtige Wort. Aber er beſaß auch den, der Unwiſſenheit eigenen Fehler: wenn er einmal etwas gut oder ſchlecht gefunden hatte, ſo

konnte er es nicht leiden, daß man ihn eines andern belehrte. Das erfuhr Moliere bey Gelegenheit
seines Misanthrope. Ludwig gab nemlich dem lächerlichen Sonnet des Oront seinen Beyfall, als
aber nachher die richtige Kritik des Alcest ihm die
Augen öffnete, so fand er sich beleidigt durch
den sinnreichen Betrug, welchen der Dichter seiner
Beurtheilungskraft gespielt hatte, und er dachte
klein genug, lange darüber mit Moliere zu schmollen.

Diese Empfindlichkeit gegen jenen grossen comischen
Dichter kam nicht gerade daher, daß er seinen Urtheilen im Fache der Litteratur einen grossen Werth
beilegte; sondern er nahm es übel, daß seine Meinung als König nicht den Vorzug erhielt, und daß
das Publikum sich in seiner Gegenwart auf des
Dichters Seite schlug. Den Widerspruch liebte er,
nicht um sich zu belehren, sondern weil er schon
wußte, daß die Schmeichler ihm Beyfall geben
würden, er mögte nun Recht oder Unrecht haben;
und er mogte es wohl leiden, wenn man seinem
Stolze dieses Vergnügen oft verschaffte. Deßhalb
stellte er sich immer, als höre er Anderer Meinungen an, aber er befolgte immer nur die seinige.
Das mogte nun ausfallen wie es wollte, so war
er doch immer des Beyfalls gewiß, weil er die
Tactik des Despotismus völlig kannte, welche nicht
darinn besteht, zu sagen: „ich will daß ihr das
und das billigen sollt, weil ich König bin!" sondern:

„wenn ihr das und das billigt, so werde ich euch
„königlich liebkosen.‟

Madam de la Valliere ermüdete ihn bald durch
ihr fades Beyfalllächeln. Madam de Montespan
verstand sich besser auf seinen Geschmack. „Es ist
„doch arg, sagte er, daß man dieser Frau immer
„erst beweisen muß, daß man Recht hat.‟ Aber
trotz dieses Anscheins von Mißvergnügen, waren
doch gerade die Tage die zärtlichsten, an welchen
sie sich am heftigsten herumgestritten hatten, und er
bezahlte ihr durch seine Gunstbezeugungen den Bey=
fall seines Hofes, welchen er, während ihres Strei=
tes ringsumher auf den Gesichtern las.

Frau von Maintenon benahm sich dabey wieder
auf eine andere Art. Sie bereitete immer sehr ge=
schickt das Geständniß vor, daß er richtiger ge=
dacht habe, als die übrigen, und dieses Geständniß
war dann ein ganz neuer Genuß für ihn. Sie
gab ihm niemals gleich Recht, sondern sie ließ zwi=
schen ihrem Widerspruch und dem Bekenntniß ihres
Irrthums einen Tag oder eine Nacht verstreichen,
und dann gab sie sich den Anschein, als weiche sie
nur der reiflichen Ueberlegung; da nun der König
auch von ihrem Verstande eine sehr hohe Mei=
nung hegte, so vermehrte das die Achtung, welche
er für seine eigene Beurtheilungskraft empfand,
wenn er hörte, daß sie am Morgen eingestand was
sie Abends vorher bestritten hatte. Auch schrieb sie

einst an eine ihrer Freundinnen: „ich schicke ihn immer mißvergnügt fort;" und das war eben ihre Politik.

Oft konnte er seine Empfindlichkeit nicht verbergen, wenn man seine Einsichten nicht allen andern vorzog. Während der Eroberung von Holland machte einst der grosse Conde eine Disposition, welche Ludwig der Vierzehnte nicht billigte, und eine andere unterschieben wollte; aber der General, stolz auf seine Erfahrung, beharrte auf seiner Meinung. „Nun, sagte Ludwig verdrüßlich, so wollte „ich auch daß er geschlagen würde."

Einen seiner unglücklichsten Kriege verdankte er dieser Halsstarrigkeit. Man baute Trianon; Ludwig gieng eines Tages dahin, von Louvois begleitet; er wird ein Fenster gewahr, welches ihm nicht im Verhältniß mit den übrigen zu stehen scheint; er sagt es Louvois. Der Herrschsüchtige und rauhe Minister, noch weit rechthaberischer als sein Herr, behauptet das Gegentheil; Ludwig wird zornig, aber Louvois giebt nicht nach. Sie kommen zurück nach Versailles, ein Tag verstreicht, und Ludwig, der an eine solche Lumperey gar nicht wieder hätte denken sollen, hält es noch immer für äusserst wichtig, zu beweisen daß er Recht habe. Den andern Tag nimmt er den berühmten le Notre mit in den Wagen, und läßt sich abermals von Louvois begleiten. Bey ihrer Ankunft zu Trianon, befiehlt er le Notre das Fenster zu messen und zu entscheiden, ob es den übrigen ganz gleich sey. Le Notre gehorcht und entscheidet zum Vortheil des Königs. Statt um über die Verwirrung des Ministers zu lachen, war er so albern ihm um dieses nichtswürdigen Sieges willen finstern Hohn zu sprechen, und er redete auf dem Rückwege nicht eine Sylbe mit Louvois. Der Minister glaubte sich verlohren, und da er keinen andern Ausweg vor sich sah, der Ungnade zu entgehen, als sich unentbehrlich zu machen, indem er einen Krieg anzettelte, so griff er zu diesem abscheulichen Mittel. Der Krieg brach würklich aus, und einige hunderttausend Menschen bezahlten mit ihrem Leben den köstlichen Sieg Ludwigs, den er bey Gelegenheit eines Streits über die Länge oder Breite eines Fensters davon getragen hatte. So, ihr Völker der Erde! spielt man mit eurem Blute.

Uebrigens wurde dieser Fehler seines Despotismus welchen er über die Meinung Anderer an den Tag legte, noch durch die kriechende Schmeichelei der Höflinge genährt. Fand er eine Allee, oder einen Busch, hier oder dort nicht an seinem rechten Platze; so ließ ein Herzog von Antin alles in einer Nacht weghauen. Fand er einen Platz unangebaut, von wilder Ansicht, ungesunder Lage, so fiel es ihm ein, gerade da einen Pallast hinzusetzen; die schmeichlerischen Künste beugten sich unter sein Genie, und man

machte sogar die Natur zur Mitschuldigen der Niederträchtigkeit eines sklavischen Volkes.

Wer sollte es glauben, daß diese Herabwürdigung
der Franzosen einen Vertheidiger an Voltaire gefunden habe? und daß die kriechende Geschmeidigkeit
des Herzogs von Antin durch einen Weltweisen zur
Tugend erhoben sey? Wer sollte es glauben, daß
dieser Weltweise auch die übermüthigen Siegeszeichen des Platzes de Victoire entschuldigen konnte?
„Nicht die Nationen sind es, so sagt er, welche
„man zu den Füssen der Statue Ludwigs des Vier-
„zehnten gefesselt erblickt, sondern die Laster." Er
hätte uns doch auch belehren sollen, welche Laster
Ludwig ausrottete? — Ha! welch' eine Kluft ist
jetzt zwischen uns und Voltaire! Die Hand welche
den Erdboden rächte, indem sie jene unwürdigen
Denkmäler von Ludwigs Stolze und Feuillade's
knechtischer Denkungsart zerstörte, hat der Welt
eine wichtigere Lehre gegeben, als in den 100 Bän-
den der Werke des Philosophen von Ferney enthalten ist.

Unser an die junge Freiheit gewöhnter Geist,
schwankt ungewiß zwischen den Schriftstellern, deren Genie die Revolution vorbereitete. Einst, wenn
wir reifer geworden, und in nervigter Faust die
Wage halten, auf welcher die Nationen die Erkenntlichkeit abwiegen sollten, die sie ihren grossen Männern schuldig sind; dann wird die Binde von unsern

Augen fallen welche uns bis jezt Voltaire's Aristokratie verbarg. Wir werden erröthen, an Einem
Tage die Apotheose des Brutus, und den Commentar eines Priesters über Rousseau's Contrat social
geduldet zu haben. Nein, werden wir sagen, der
Contrat social verdient die Unsterblichkeit, und Brutus einen Commentar. Wir werden einsehen, daß
Rousseau's Seele frey war, als er ein Buch schrieb,
welches damals nur Sklaven lesen sollten; und daß
Voltaire's Seele in Fesseln kroch, als er ein Trauer-
spiel für ein freyes Volk schrieb.

Voltaire hatte in der That nie einen gesunden Begriff von Freiheit der Nationen. Der Schriftsteller,
der sich knabenhaft verwundert, wenn holländische
Kaufleute, welche von ihrer Republick an die Armee
der Verbündeten abgesandt worden waren, einige
Fürsten, mit welchen sie zu sprechen hatten, blos
mit ihren Familiennamen nennen, und zum Beyspiel ohne Umstände sagen: „laßt Holstein her-
„kommen. Wir wollen mit Hessen reden;"
der Schriftsteller, der, um eine solche Thatsache
glaubwürdig zu machen, zwanzig Autoritäten citirt,
da sie doch nur einem Sklaven sonderbar vorkom-
men kann; der jene Gewohnheit der Holländer für
eine so grosse Freiheit hält, daß er sie durch die
laconische Art zu reden, welche in Armeen zu herrschen pflegt, entschuldigen zu müssen glaubt; ein solcher Schriftsteller, ich sage es laut, hat sechszig Jahre
gearbeitet,

gearbeitet, ohne Menſchenwürde und Menſchenrechte
zu kennen. Voltaire war es ſehr bedürftig, der
Schule unſerer Revolution beyzuwohnen, aber un=
ſere Revolution würde einen widerſpenſtigen Schü=
ler an ihm gefunden haben. Er würde über die
Demüthigung der Geiſtlichkeit gelacht haben, aber
nicht aus richtigen Begriffen, ſondern weil er allen
Gottesdienſt haßte, Er würde über die Ausrottung
des Adels geſeufzt haben, nicht aus Mitleid, ſon=
dern aus Stolz. Im Ballhauſe zu Verſailles wür=
de Rouſſeau ſehr groß, und Voltaire ſehr klein
erſchienen ſeyn.

Voltaire hätte hundert Jahre früher gebohren
werden ſollen, denn ſolche Schriftſteller brauchte
Ludwig der Vierzehnte; auch waren es die ſchmeich=
leriſchen Schriftſteller ſeines Jahrhunderts, welche
ihn vollends verdarben. Sein Jahrhundert, ſagt
man, war fruchtbar an groſſen Männern. Man
wundere ſich nicht darüber. Wenn Uebermaaß der
Sklaverey aus dem Uebermaaß der Bewunderung
für den Despoten entſpringt, ſo bringt es, wie der
Enthuſiasmus der Freiheit, groſſe Entwürfe, groſſe
Beredſamkeit hervor. Zwar iſt die Wahrheit nir=
gends, weil Wahrheit ſich nur mit Freiheit paart,
aber die Reize der Wahrſcheinlichkeit ſind überall.

Der Philosoph seufzt, und läßt sich nicht täuschen.
Die getäuschte Unwissenheit schreyt laut ihren Bey=
fall, und so bemächtigt sich das Jahrhundert kühn
eines Ehrentitels, welcher ihm nicht eher wieder
entrissen wird, als bis der Mensch, im vollen Ge=
nuß seiner Rechte, das Gold der wahren Größe
von den Schlacken der Schmeicheley und des
Stolzes scheidet.

Man hat das Jahrhundert Ludwig des Vierzehn=
ten immer das Zeitalter des französischen Ruhms
genannt; man hätte es das Zeitalter der Schande
nennen sollen. Denn auf der letzten Stufe der Er=
niedrigung steht die Nation, welche alle Arten von
Talenten, welche sie in ihrem Schoose aufblühen
sieht, auf Rechnung eines einzigen Menschen setzt,
und nur seinem Einfluß sie zuschreibt. Nicht für die
Könige gab der Schöpfer dem Menschen das Genie.
Nicht um dieses Genie anzufeuern, hat der Schö=
pfer erlaubt, daß Könige auf der Erde seyn dör=
fen. Sie haben kein anderes Recht auf die Pro=
ducte und Lehren grosser Geister, als ihre Noth=
durft, ihr Bedürfniß derselben. Alles was überdieß
die Künste für sie thun, ist nur Schmeicheley.

Wenn wir diesen Satz zum Grunde legen, wie
viel müssen wir dann nicht ausstreichen in allen

den gerühmten Meisterwerken, welche unter der
Regierung Ludwigs erschienen sind. Weg mit den
Farben der Schmeicheley in allen jenen Gemählden! weg mit dem Gewand der Speichellecker welches alle jene Statuen deckt! weg mit der Sklaverey
welche allen jenen Denkmälern aufgedrückt ist! was
bleibt dann den Künsten jener Zeit noch übrig?
denn es ist nun einmal eine ausgemachte Wahrheit: Gemählde sollen nur Tugenden darstellen;
Statuen, nur solche Menschen, die das Beyspiel
dieser Tugenden gaben; und Denkmäler nur Freistätten öffentlicher Nutzbarkeit.

Sichtet die Schmeicheley, welche auf jeder Seite
der Literatur jenes Jahrhunderts sich mit der Wahrheit gemischt hat; reißt Melpomenen den Mantel
ab, in welchen knechtische Verehrung sie hüllte; befreyt die Wissenschaften von der güldenen Kette, mit
welcher sie an den Thron gefesselt waren; was
bleibt dann der Philosophie noch übrig? Fenelon
stirbt verbannt; und Corneille in Dunkelheit. Niemand mehr für die Wissenschaften. Vom Text des
Predigers, bis zum Kohl herab welchen Le Notre
pflanzte, trägt überall dieß Jahrhundert das Siegel
der Sklaverey, und das ist der merkwürdige Zeit-

punct, auf welchen sich Frankreich lange so viel
zu gut that.

Europa selbst trägt den Schimpf zur Hälfte, denn
die Gelehrten, welche Ludwigs gerühmte Freigebigkeit, in der Ferne aufsuchte, theilten ihrem Him-
melsstrich die Art von Götzendienst mit, welchen
dieser Monarch von allen Menschen als ihm ge-
bührend heischte. Auf das Frontispiz des Hauses
Viviani zu Florenz waren folgende Worte in goldenen Buchstaben gegraben: Aedes a deo data. Welch
ein Gott, der den Widerruf des Edicts von Nantes unterzeichnete; der mit Geld in der Hand um
Weyhrauch der Fremdlinge bettelte, und einigen
fanatischen Priestern zu gefallen 600,000 Menschen
aus seinen Staaten jagte. Welch ein Gott dessen
Lächeln fremde Künstler fern von seinem Reiche
liebkoste, und dessen unpolitisches und frommes Verbannungsurtheil Frankreich den zukünftigen Besitz
des unsterblichen Garrick raubte. Sein Großvater
mußte Frankreich fliehen, wo die Freiheit Gott an-
zubeten ein ausschliessendes Privilegium für eine Ge-
sellschaft von Aufläufer des Gottesdienstes geworden war.

Man kann sich keinen Begriff davon machen, wie
die Lobeserhebungen der Scheinheiligen, der Pfaf-

fen und der Mönche, den Widerruf des Edicts von
Nantes betreffend, auch den letzten Funken von
gesunder Vernunft in der Brust Ludwig des Vierzehnten so ganz erstickt hatten. Ein Graf von La-
stic fragte ihn einst in einem vertraulichen Augenblicke: „was hatten Ihnen denn die Protestanten
„zu Leide gethan, daß Sie sie wegjagten?” „Mir?
„gar nichts! antwortete der König: aber ich bin
„catholisch und darf in meinen Staaten keine ande-
„re Religion als die meinige dulden.” Ich glaube
nicht daß Schwachköpfigkeit und Despotismus weiter
gehen können. Ich soll denken wie du, weil du
König bist. Was kümmern den Monarchen die
verschiedenen Religionsmeinungen seines Volkes?
Er hat eben so wenig Recht sich beleidigt zu glauben, wenn ich Gott auf meine Art anbete, als es
übel zu nehmen, wenn ich seine Maitresse häßlich
finde. Der Schwur, den die Pfaffen bey der Wey-
hung von den Königen foderten, die christliche Religion aufrecht zu erhalten, war ein gottloser
Schwur. Sie versprachen Gott mit einem Eide,
Alles zu verfolgen, was nicht den Namen Christ
trägt; und man darf daher behaupten, daß es keinen einzigen König von Frankreich gegeben, der
nicht seine Regierung mit dem Schwur begonnen,

ein Verbrechen zu begehen, und alle diejenigen zu
schützen, welche dieses Verbrechen ihm anrathen
würden.

Uebrigens herrscht auch eine widerliche Doppelzün-
gigkeit in Ludwigs Betragen seit dem Widerruf des
Edicts von Nantes. Das Edict bewilligte Allen Gewissensfreiheit, und in demselben Augenblicke schrieb er unter der Hand an alle Kommendanten in den Provinzen,
um diese Gewissensfreiheit auf allerley Art zu beein-
trächtigen. Grausamer und tyrannischer zu handeln
ist nicht möglich. Denn er mußte voraus sehen, daß
die Protestanten auf die Ausdrücke des Edicts fuß-
sen, und folglich unwissend alle die Verfolgungen
der von ihm heimlich angestellten Henkersknechte
über sich bringen würden. Es war also nicht Frömmigkeit, nicht einmal Verblendung, in Betreff einer Religion, welche seine Pfaffen, seine Schmeichler und die öffentlichen Blutigel ihm als gefährlich
mahlten, um sich mit der Beute der Anhänger derselben zu bereichern. Er war nur grausam, und
das ist es alles. Er hätte nur noch seine eigenen Augen an den Martern der Schlachtopfer weiden sollen, so wäre er dem Nero ganz ähnlich gewesen.
Man wird dieses Bild nicht übertrieben finden,
wenn man sich erinnert, daß die Körper der Un-

glücklichen, welche in der Todesstunde die Sacramente nicht hatten empfangen wollen, auf der
Schinderschleife herum geschleppt wurden; daß man
ihre Freistätten zerstörte, in Brand steckte; daß
man ihre Kinder aus ihren Armen riß, um sie
in einer Religion zu erziehen, deren Lehrer ihnen
so viele Martern anthaten; und daß endlich die
Flucht, dieses einzige und natürliche Mittel sich einer
so ungerechten Unterdrückung zu entziehen, an denen welche man ertappte, als das schändlichste Verbrechen bestraft wurde.

Und Alles dieß geschah unter dem frommen Einfluß eines Weibes, dessen sämmtliche Vorfahren Be-
kenner dieser verbannten Religion waren. So wahr
ist es, daß der Fanatismus gewisser Pfaffen, in
den Seelen derer welch sie zu fesseln wissen, nicht
allein die Vernunft, sondern auch die Natur erstickt.
La Beaumelle bemerkt sehr richtig, daß dieser nemlichen so unwürdig verfolgten Religion, das Haus
Bourbon seinen Ruhm, und Frankreich seine Ruhe dankte, weil Sie die regierende Familie auf
den Thron, dem Ehrgeiz der Guisen Schranken
setzte, Abscheu gegen die Inquisition einflößte, und
endlich, weil sie die Geistlichkeit zwang, aus dem

13

Schlummer der Unwissenheit und der Laster zu erwachen.

Wir haben uns bey diesem Zeitpunct in Ludwigs
Leben etwas länger aufgehalten, als bey jedem andern, weil es würklich derjenige ist, der Ludwigs
Character in seiner ganzen blösse darstellt. Sonst
sieht man überall nur den unumschränkten Menschen,
von seiner Grösse trunken, und dessen Herrschsucht
jedes Gefühl erstarren macht; aber hier stellt sich
uns ein wahrhafter Tyrann dar, der sich in nichts
von den Diocletianen unterscheidet.

Dieser despotische Geist flößte ihm unter andern
den Grundsatz ein, daß man nur durch Schlachten
den Weg zu Tractaten bahnen müsse. So drückt
er sich darüber aus in einem Brief an Philipp den
Fünften vom 21sten Juny 1702. Nach ihm ist
also ein Monarch mehr oder weniger glänzend, je
mehr oder je weniger Blut um seinetwillen vergos-
sen worden. Das Volk war in seinen Augen so
wenig, daß er einige Zeit nachher an denselben
König schrieb „behandelt den Adel gut, laßt das Volk
„Erleichterung hoffen, wen die Umstände es erlau-
„ben.” Uebermüthige Gleichgültigkeit! welche das
Volk noch sehr geehrt glaubt, wenn es durch Hoff-
nungen in den Schlummer gewiegt wird. Aber

unwillig erröthen muß man, wenn man einen Brief
ließt, in welchem er seiner Mutter Annen von
Oesterreich, von seinem Betragen bey der Verhaft:
nehmung Fouguet's Rechenschaft giebt. Man findet
daselbst alle die kleinen Umschweife, Winkelzüge und
Spitzbübereyen eines armseligen Geistes, und vor:
züglich jene schreckliche Arglist, jene abscheuliche
Falschheit, welche ehrliche Leute nur bey einem Po.
lizeybeamten möglich glauben. „Der Surintendant,
„so erzählt er, ist zu mir gekommen, ich habe ihn
„von allerley unterhalten, biß ich d'Artaignan in
„meinem Hofe erblickte." D'Artaignan brachte den
Verhaftbefehl. Da er endlich sieht, daß seine Beute
ihm nicht mehr entschlüpfen kann, so beurlaubt er
Fouquet. Er rühmt den Eifer seiner Mousque:
tierer, welche er auf die Straße nach Paris sandte,
um alle Couriers anzuhalten, damit der seinige zu:
erst anlangen mögte. Er schickt den Surintendan:
ten nach Saumur, seine Gemahlinn nach Limoges,
und Pelisson in die Bastille. Er redet mit der größ:
ten Kaltblütigkeit von dem Unglück eines Ministers,
dessen größtes Verbrechen vielleicht nur darinn be:
stand, daß er in seinen Neigungen Ludwig dem
Vierzehnten zu ähnlich war. Eben so kalt spricht
er von der Verzweiflung einer unglücklichen Gattin,

und von den Widerwärtigkeiten Pelissons, des ehrlichsten Mannes in seinem Reiche. Mit einem Worte, dieser Brief athmet von einem Ende bis zum andern einen
so empörenden Geist der Tyranney, daß man dabey sogar das Interesse des Staates aus den Augen verliert,
welches freilich in eine Schuld von zwey Milliards sechs
hundert Millionen Livres verwickelt war.

Noch lange wird die Menschheit sich dieser Regierung erinnern, welche man so oft mit den schönen
Tagen Augusts verglichen hat. Sie gleichen sich indessen sehr wenig: jene Regierung war für die Römer der Uebergang von der Freiheit zur Sklaverey,
und diese für die Franzosen der Uebergang von der
Sklaverey zur Freiheit. Also war August weit
grösser als Ludwig der Vierzehnte. Denn man muß
grosse Tugenden besitzen, um die Liebe zur Freiheit
in einem Volcke zu schwächen, das schon so lange
die Süssigkeiten derselben geschmeckt hatte; und
grosse Laster im Gegentheil, unerschöpfliche Quellen
der Unterdrückung, deren Bild Ludwig uns darstellt, sind nöthig, um in einem zur Knechtschaft
gewöhnten Volke, den Gedanken an Freiheit zu
erwecken. Was auch Ludwigs Vertheidiger einwen-
den mögen, so bin ich doch überzeugt, daß schon
seit jener Epoche der Geist der Freiheit in der fran-

zöfischen Nation im stillen brütete. Die sardanapa-
lische Regierung Ludwigs des Fünfzehnten hat freilich den Ausbruch des Vulcans beschleunigt, aber
wenn auch ein Mann wie Ludwig der Zwölfte auf
Ludwig den Vierzehnten gefolgt wäre, so würde die
Revolution doch erfolgt seyn. Wenn das Volk einmal so weit gekommen ist, die Summen der Verachtung zu berechnen, mit welcher die Könige es
besolden; wenn es einmal gelernt hat, das wenige
Gute, welches auch der beste König ihm zu erzeu-
gen vermag, mit den schrecklichen Uebeln zu verglei-
chen, die ein böser König es empfinden läßt; so
fühlt es bald, daß ihm überall Verlust droht, selbst
wenn der Zufall ihm lauter gute Fürsten gäbe, welches doch unmöglich ist. Immer hat die Erfahrung
bewiesen, daß ein Jahr einer schlechten Regierung
hinreichend ist, hundert Jahre wohlthätiger Regie-
rungen auszulöschen. Und welcher Mensch, der einen
Contract schließt, wird so sehr Thor seyn, eine Clausel
leichtsinnig zu übersehen, welche ihm im ersten besten
Augenblick ein Eigenthum rauben kann, das alle die
übrigen Clauseln des Contracts ihm zusicherten.

Aus der Menge grosser Männer, welche unter
seiner Regierung erschienen, und aus der hohen
Stufe, auf welcher die Künste standen, darf man

man. eben keinen günstigen Schluß für ihn selbst
ziehen. Alles das verdankt man nicht ihm, sondern
seinem Gelde, denn es giebt wenig große Männer,
welche ein behagliches Leben entbehren mögen.
Geld erweckt Litteratur und Künste. Auch blühte
die Philosophie in seinem Jahrhunderte wahrlich
nicht. Reichthum der Weisen ist keine schickliche
Wiege für die Weltweisheit. Ludwig der Vierzehnte hatte also nicht mehr Verdienst dabey, als
der Schwachkopf Carl der Sechste gehabt haben
würde, wenn er in seiner Einfalt das Gold in den
Schoos der Künste und Wissenschaften geschüttet
hätte; wenn es nicht vielleicht gar der feinste Despotismus war, alle diejenigen zu besolden, deren
Schriften auf die Meinung des Volkes Einfluß haben konnten. Er belog die fremden, denen er in
dem Pracht seiner Monumente Frankreichs Wohl-
stand vorspiegelte; auch die Nachwelt wollte er
belügen durch die erkaufte Feder der schönen
Geister seines Zeitalters. Aber die Künste tragen
nichts zum Glück der Nationen bey, und wenn diese
einmal ihre Rechte kennen; wenn sie endlich die
Sprache der Vernunft zu reden gelernt haben, so
sinken alle jene Denkmäler und Schriften in ihr
Nichts zurück, aus welchem die Hand des Despo-

ten sie hervor zog, um die Posaune des Rufs dadurch zu erkaufen.

Ihr berühmten Helden! deren Geist die Kriegs-
kunst erschöpfte: Turenne, Vendome, Catinat,
Luxemburg, wie klein erscheint ihr, wenn alle eure
Talente nichts weiter vermögen, als die Welt an
den Triumphwagen eines übermüthigen Menschen
zu fesseln. Welcher. Abstand zwischen einem Cincinnatus, einem Fabricius, und euch! jene kehrten
nach erfochtenen Siegen zu ihrem Pfluge zurück;
und ihr buhlt, zum Lohn eurer Thaten, um das Lächeln des Stolzen, dessen hohnsprechenden Ruhm
ihr mit eurem Blute erkauftet. Ihr berufenen
Schriftsteller! ihr Redekünstler in der Schmeicheley!
welcher Abstand zwischen euch und jenem berühmten
Redner, dessen Stimme von der Tribune herab die
Rechte des Menschen und der Völker verkündigte. Welcher Abstand zwischen dem Mahler, dessen frevelnde
Hand die Eroberung von Holland darstellte, und jenem, dessen erhabener Pinsel uns den Schwur der
Harazier vergegenwärtigte. Die Sklaverey betrachtet
die Jahrhunderte durch ein Sehrohr. Vor den
Bliken der Freiheit sind sie enthüllt und Wolkenlos,
wie vor den Bliken des Ewigen.

Ende.